LE LIVRE OFFICIEL DES GLORIEUX LOSERS

STEPHEN PILE

LE LIVRE OFFICIEL DES GLORIEUX LOSERS

POURQUOI RÉUSSIR QUAND ON PEUT ÉCHOUER EN BEAUTÉ ?

DENOËL

Titre original :
The Ultimate Book of Heroic Failure

Éditeur original : Faber and Faber Limited

« Si tout le reste échoue, vous pourrez toujours atteindre l'immortalité grâce à une spectaculaire erreur. »

J.K. Galbraith

INTRODUCTION

« Il y a beaucoup à dire sur l'échec.
C'est bien plus intéressant que la réussite. »

MAX BEERBOHM

La réussite, c'est surfait.

On lui court tous après, alors que chaque jour nous avons la preuve que notre génie réside ailleurs. C'est dans l'incompétence que nous sommes doués. C'est bien ce qui nous différencie des animaux, et nous devrions apprendre à admirer cette inaptitude. Les gens brillants sont tous les mêmes : vous savez bien, le dynamisme, la volonté de gagner, la détermination… c'est trop ennuyeux à regarder, alors que ceux qui se foirent en beauté le font de façon unique. Rater quelque chose nécessite des compétences, du panache, du génie, un timing parfait et un style indéniable.

MON ÉQUIPE

Tel un fier capitaine olympique, je me tiens à présent dans le couloir et je m'apprête à mener mon équipe dans l'arène. C'est une équipe de choc, la *crème de la crème**, des dieux parmi les hommes, des experts d'élite si mauvais dans leurs catégories respectives qu'ils s'envolent et brillent comme des feux d'artifice sur un ciel gris et terne. Jamais autant de géants n'ont été réunis en un même lieu. En regardant la file, j'aperçois les plus grands de tous les temps : l'atroce Criswell, l'inquiétant Murrell, l'immortel Molina, le scandaleux Stinky Holloway.

Le gang au grand complet.

Le public hue et fait pleuvoir des chapeaux. Si j'arrive à me faire entendre par-dessus le vacarme, je dirai simplement que nous vivons une époque pleine de prouesses formidables. Un âge d'or. Les records du monde tombent les uns après les autres et les standards ne cessent de grimper.

Nous pensions tous que le record de Pat Farley — quatre cents leçons de conduite avant de passer le permis — ne serait jamais battu, mais nous avions tort. Grâce à l'illustre Sue Evan-Jones de Bristol, nous réalisons à présent que quatre cents leçons, c'est des clopinettes, et que Mrs Farley n'avait fait qu'effleurer la surface du possible dans ce domaine. Le record d'interventions d'un canot de

* En français dans le texte.

sauvetage pendant un seul et même voyage est passé de quatre à onze, et Frances Toto détient le record du plus grand nombre de tentatives d'assassinat de conjoint sans que celui-ci se rende compte de quoi que ce soit (sept).

Étant donné que je me dois de porter un regard international sur tout cela, je vous informe que la catégorie du plus grand nombre d'essais au permis de conduire est maintenant close à cause d'une championne du monde coréenne dénommée Cha Sa-Soon, dont la performance ne sera certainement jamais surpassée.

L'expulsion la plus rapide sur un terrain de football est maintenant descendue à une seconde, et le plus mauvais pêcheur à la ligne du monde n'a pas attrapé un seul poisson en quarante ans. Après des siècles de démocratie, nous avons enfin pu assister à la première élection lors de laquelle absolument personne n'a voté. Le pire cheval de course était un bel animal britannique dépourvu de tout instinct de compétition, mais il s'est fait surclasser par un formidable destrier venu de Porto Rico.

Le monde fascinant du crime continue de nous stupéfier (le pire agresseur du monde a rapporté de l'argent à sa victime), et le rôle de la police ne doit pas être négligé.

Le plus mauvais présentateur météo a provoqué la suspension des prévisions télévisées jusqu'à ce que le climat soit plus fiable, et lors du sermon religieux le moins réussi, l'église a pris feu.

En matière de rugby, les Runcorn Highfield sont l'équipe à battre, car ils ont pulvérisé le record de défaites consécutives détenu de longue date par Doncaster.

Le film ayant fait le plus gros flop au box-office est sorti en même temps que le premier *Harry Potter*, et il a fallu attendre jusqu'aujourd'hui pour qu'il reçoive les louanges qu'il mérite.

TOUT LE MONDE PEUT-IL Y ARRIVER ?

Ce livre fait l'éloge de personnes exceptionnelles, mais ne vous découragez pas pour autant. Il s'agit du pinacle, du sommet de la pyramide, mais ces immortels n'ont exploré qu'une toute petite partie du potentiel qui se trouve en chacun d'entre nous. Parfois, les gens demandent : « Et moi, est-ce que je pourrais être un glorieux loser ? » La réponse est oui, bien sûr.

Vous aussi, vous pourriez réaliser ce rêve. C'est une discipline populaire, ouverte à tous. Il est parfaitement possible d'être incompétent pendant des heures entières. Moi je le suis, comme tous ceux que je connais. Ce qui est merveilleux, c'est qu'on peut s'y adonner durant son temps libre, même lors d'une pause déjeuner (voir le remarquable Matthieu Boya, chapitre 15).

Les prouesses inégalées célébrées ici proviennent des quatre coins du monde, de Worthing au Wisconsin, des Hébrides extérieures au pôle Nord. Il n'y a ni frontières ni distinction de classes. Même la reine mère a participé. De nouveaux territoires se distinguent chaque jour, et c'est un grand plaisir d'accueillir parmi nous la Syrie, qui détient à présent le record du monde du conducteur le plus perdu à cause de son GPS.

Nous sommes également très redevables à l'immense nation américaine, qui feint de ne pas être impressionnée par ses propres exploits en matière d'échec, mais dont le génie reste sans pareil. Par exemple, *Moose Murders*, indiscutablement la pire pièce jamais montée à Broadway, est reconstituée ici grâce à des critiques de l'époque afin de nous faire revivre cette expérience magique. De plus, ce pays novateur a vu naître l'immortel Ed Wood, notre Shakespeare à nous.

Largement considéré comme le plus mauvais réalisateur de tous les temps, il a créé le modèle dont nous autres sommes d'extraordinaires variantes. Cette capacité à combiner l'enthousiasme et la totale confiance en soi avec un manque de compétence absolu ne s'observe qu'une fois par génération, et encore. Le résultat : son œuvre atteint de tels sommets de nullité qu'elle devient un merveilleux chef-d'œuvre éternel.

Tout le monde n'est pas forcément doté de talent, et ce grand homme nous prouve qu'il est possible d'accomplir des choses stupéfiantes même quand on en est dépourvu. Un critique a d'ailleurs noté : « Il a atteint des sommets artistiques grâce à une pure incompétence. » Mr Wood est la seule personne, morte ou vivante, à figurer dans trois entrées différentes de ce livre. Pour cette raison, un hommage lui est rendu au chapitre 9.

A-T-ON BESOIN DE MATÉRIEL SPÉCIFIQUE ?

Pour pratiquer cette activité qui change la vie, vous n'aurez besoin que de peu d'équipement. Certains ont réussi à l'aide d'un seul seau de Kentucky Fried Chicken format familial. D'autres, rien qu'avec un mât de drapeau. Les chevaux ont souvent offert des occasions spectaculaires par le passé. Retenez simplement que le plus important, c'est d'improviser.

Vous pouvez faire ça chez vous ou en mer, au bureau ou sur un transat équipé de ballons d'hélium à trois mille mètres au-dessus de Los Angeles, ou encore sur scène, dans une chambre d'hôte, et même au beau milieu d'un champ avec deux cochons en liberté.

NOTRE STYLE DE VIE EST MENACÉ

Cela dit, tout n'est pas rose pour les losers et certaines personnes mal intentionnées tentent de nous rabaisser. Comme celui des Masaï, notre mode de vie ancestral est menacé. En effet, les guerriers masaï du monde entier seront étonnés d'apprendre que sur l'île britannique où j'habite vivait un jour une femme appelée Margaret Thatcher, dont les personnes âgées se souviennent encore. En 1980, elle a prononcé un discours grotesque où elle nous définissait comme une île dévouée à la réussite, et non à l'échec.

Cette femme nous a volé nos droits imprescriptibles. Notre pays est maintenant rempli de gens qui ne cessent de nous répéter qu'ils atteignent l'excellence, que ce soit vrai ou non. Il est à présent possible de gagner sa vie en tant que docteur ès manipulations ou gourou des relations publiques, en disant que tout va bien alors que ce n'est visiblement pas le cas. Ces gens sont en fait payés pour dissimuler nos erreurs. Pourquoi ? Dans quel but ?

On ne nous réduira pas au silence.

REDÉCOUVRONS NOS RACINES

C'est une très mauvaise interprétation de la condition humaine que de supposer que tout va aller pour le mieux. Le bonheur consiste à accepter que les choses puissent mal se passer, mais aussi à se réjouir quand c'est le cas.

Des années durant, on nous a dit que seul le succès comptait, mais en Grande-Bretagne, par exemple, il a suffi que le journaliste John Sergeant se mette à danser, mal, pour que la nation entière se lève et le soutienne. Le géant endormi se réveille. Nous redécouvrons nos anciennes aptitudes.

Cet homme remarquable (très franchement, notre meilleur danseur) ne savait pas valser du tout et pourtant il a participé à *Danse avec les stars*, une compétition de danse télévisée où seule la perfection compte. Semaine après semaine, les jurés fustigeaient ses exquises rumbas et appelaient à son élimination immédiate. Semaine après semaine, les téléspectateurs votaient en masse pour le garder dans l'émission et renvoyer chez eux ses concurrents ennuyeusement doués.

Il est intéressant de noter que Maurice Flitcroft, le pire golfeur au monde, a suscité la même réaction. À la fin de sa carrière, vous pouviez adresser une lettre simplement à « Maurice Flitcroft, golfeur, Angleterre », et elle arrivait à destination.

Mais cela n'arrive pas qu'en Angleterre. Quand Eric « l'Anguille » Moussambani a failli se noyer lors de sa qualification pour les Jeux olympiques, le monde entier s'est levé pour l'applaudir. Quand les Jamaïcains se sont inscrits aux Jeux d'hiver, qu'ils ont fini derniers et qu'ils sont tombés de leur bobsleigh, Hollywood a immédiatement décroché son téléphone et fait un film sur eux.

Pour moi, ce livre est l'aboutissement du travail d'une vie. Il semble loin, le temps où j'ai créé le Not Terribly Good Club de Grande-Bretagne, en 1978. En tant que président du club, je nageais dans un véritable chaos administratif. C'était une autre époque, plus simple, avant l'ère digitale. Pour devenir membre, il fallait simplement n'être pas terrible en quelque chose et assister à des réunions durant lesquelles des gens parlaient et faisaient des démonstrations de leur principal domaine d'expertise. Nous avons vécu de grandes soirées au cours desquelles on entendait des bribes de conversations réconfortantes («Oui, les moutons sont difficiles à faire», disait un artiste pas terrible). J'ai fini par être éjecté de la présidence et le club a voté la fin de sa propre existence lorsqu'il a commencé à recevoir plusieurs milliers de demandes d'adhésion, parfois d'aussi loin que le Botswana. On ne peut y voir qu'une preuve supplémentaire que l'humanité préfère le pire au meilleur.

Nous ne pouvons plus attendre dans le couloir. Dehors, les vuvuzelas nous appellent. Je mène à présent mon équipe vers l'extérieur. En avant, et toujours plus bas.

1

NOUVEAUX RECORDS DU MONDE

« Essaie encore. Échoue encore.
Échoue mieux. »

SAMUEL BECKETT

LE PIRE FOOTBALLEUR BRÉSILIEN

Universellement reconnue comme la pire équipe de football professionnelle à avoir jamais joué sur cette terre, l'Íbis Sport Club de Recife, au Brésil, n'a pas gagné un seul match pendant trois ans et onze mois d'affilée. « C'était un grand privilège d'avoir cette réputation. C'est mieux que de jouer pour la meilleure équipe du monde », a déclaré leur capitaine, le légendaire Mauro Shampoo, salué comme le pire joueur de foot du Brésil. « Nous avions même un fan-club au Portugal. Quand on a commencé à gagner, ils nous ont envoyé des télégrammes pour se plaindre. »

Élément clé de l'attaque de l'Íbis, ce grand homme a marqué un seul but en dix ans, mais à part ça son record est sans taches. Il avait la capacité singulière et récurrente de trébucher sur la balle alors qu'il n'y avait aucun joueur autour de lui. Sa fille témoigne : « Comme il joue très mal, il est devenu célèbre. Et voilà où il en est aujourd'hui. »

Il a fait l'objet d'un superbe documentaire appelé *Mauro Shampoo : le footballeur, le coiffeur, l'homme*. C'est la formule qu'il emploie en général quand il décroche le téléphone de son salon de coiffure, dont les murs sont couverts de souvenirs de sa splendide carrière.

À ce jour, Señor Shampoo — qui a appelé ses enfants Cream Rinse (crème après-shampoing) et Shampoozinho — a conservé sa coupe de cheveux permanentée à la Kevin Keegan période seventies, bien après que le légendaire footballeur anglais lui-même a décidé qu'il s'était égaré capillairement. Dans son salon, on le reconnaît immédiatement parce qu'il passe le mois de décembre déguisé en un Père Noël peu convaincant. Le reste de l'année il porte sa tenue complète de l'Íbis, crampons compris, comme ça il peut faire des démonstrations de ses fameux contrôles de balle entre deux coupes de cheveux et prouver à ses clients qu'il n'a rien perdu de son ancien style.

LA PLUS LENTE TRAVERSÉE DE LA MANCHE À LA NAGE

La traversée la plus rapide de la Manche à la nage n'a pris que six petites heures et cinquante-sept minutes à un quelconque Bulgare effréné, mais le genre de nageur qui nous intéresse préfère savourer l'expérience. Pendant soixante-dix-sept ans, le beau record de vingt-sept heures et vingt-cinq minutes détenu par Henry Sullivan est resté incontestablement le plus lent. Après six essais antérieurs au cours desquels il s'est fait repêcher à plus de huit kilomètres des côtes françaises, Mr Sullivan a finalement terminé la traversée en août 1923.

Son record est demeuré un brillant exemple jusqu'en 2010, lorsque Jackie Cobell, de Tonbridge dans le Kent, a effectué un splendide vingt-huit heures et quarante-quatre minutes. « Les falaises de Calais n'arrêtaient pas de disparaître. C'est là que la marée m'a emportée », a dit Mrs Cobell, qui avait perdu cinquante kilos lors de son régime d'entraînement grâce à un anneau gastrique. « Je suis toujours partante pour relever un défi, a-t-elle déclaré. Je ne serais pas contre tenter la traversée d'Alcatraz à San Francisco, maintenant. Il y a des requins là-bas, alors peut-être que ça me fera nager plus vite. »

LA PIRE PIÈCE DE THÉÂTRE DE BROADWAY

Fiasco immédiat et sensationnel, *Moose Murders* d'Arthur Bicknell est aujourd'hui largement considérée comme la pire pièce jamais jouée à Broadway. « Si votre nom est Arthur Bicknell, ou qu'il y ressemble, changez-le », avait dit le critique de théâtre de la chaîne CBS.

Après la première et dernière représentation le 22 février 1983, Frank Rich, critique dramatique du *New York Times*, a écrit : « Désormais, il y aura toujours deux groupes de spectateurs de théâtre dans ce monde : ceux qui ont vu *Moose Murders* et les autres. Ceux d'entre nous qui y ont assisté vont certainement se réunir de temps à autre, selon la noble tradition des survivants du *Titanic.* »

La pièce, farce policière, raconte les aventures de Snooks et Howie Keene, l'infirmière Dagmar, Stinky Holloway et d'autres encore, coincés ensemble par une formidable nuit de tempête au Wild Moose Lodge, une maison d'hôtes dans les monts Adirondacks. Plusieurs meurtres ont lieu, Stinky essaie de coucher avec sa mère et un homme en costume d'élan se fait agresser par un tétraplégique recouvert de bandelettes.

Un coup de tonnerre retentit. Le rideau se lève sur un pavillon de chasse joliment décoré de têtes d'élan empaillées.

Le premier acte démarre sur les chapeaux de roues lorsque les « Keene qui chantent », chargés de divertir les clients, arrivent et se lancent dans une interprétation de « Jeepers Creepers ». Snooks Keene, légèrement vêtue, chante faux d'une voix stridente. Elle est accompagnée par son mari aveugle qui martèle son orgue électrique jusqu'à ce que le concierge, Joe Buffalo Dance, qui arbore des peintures de guerre indiennes mais s'exprime avec un fort accent irlandais, vienne débrancher la prise.

Ils sont vite rejoints par la riche Hedda Holloway, nouvelle propriétaire des lieux. Elle arrive avec son mari Sidney, le tétraplégique lourdement bandé, coincé dans un fauteuil roulant. Son aide-soignante, l'infirmière Dagmar, porte un costume en satin noir qui ne cache pas grand-chose, aboie comme une nazie et laisse son patient dehors sous la pluie dès qu'elle en a l'occasion.

En plus de son fils Stinky, un hippie junky avec un gros complexe d'Œdipe, Mrs Holloway a également une jeune fille appelée Gay, en permanence vêtue d'une robe de soirée. Quand elle apprend que son père restera un légume pour le restant de ses jours, elle fait la moue et réplique : « Comme un haricot ? Ça me dégoûte ! » et elle se met à faire des claquettes.

Juste avant l'entracte, Stinky sort un jeu de cartes pour occuper les comédiens, à défaut des spectateurs. Les lumières s'éteignent au milieu de la partie et le premier d'une série de plusieurs meurtres inexplicables est commis.

« Même le premier acte de *Moose Murders* ne suffit pas à se préparer mentalement à ce qui arrive dans l'acte deux », a écrit Mr Rich. À la fin de la pièce, Mrs Holloway sert à Gay un martini vodka empoisonné pour des raisons jamais vraiment claires. La jeune fille s'effondre au sol et clamse au beau milieu d'un numéro de claquettes à la Shirley Temple, puis sa mère éclate de rire et applaudit.

Le premier rôle féminin devait être tenu par une actrice qui faisait son retour sur les planches de Broadway après quarante ans d'absence, mais elle a quitté le navire avant la première représentation.

Pour célébrer le vingt-cinquième anniversaire de sa première et dernière, la pièce a été remise en scène en tant que projet d'art conceptuel. « Broadway a eu sa chance et l'a manquée », a déclaré l'artiste.

LA PLUS MAUVAISE ÉLÈVE D'AUTO-ÉCOLE

Vu la concurrence dans une telle discipline, on ne pouvait s'attendre à ce que l'exploit de Pat Farley reste longtemps inégalé. Lorsqu'elle a enfin obtenu son permis de conduire à Ashburton dans le Devon, elle avait beaucoup d'expérience, puisqu'elle avait déjà conduit sur plus de neuf mille cinq cents kilomètres au cours de ses quatre cents leçons, pour un coût total de quatre mille cinq cents livres sterling. En février 1997, ce record a été largement pulvérisé par la talentueuse Sue Evan-Jones de Bristol, qui a pris mille huit cents leçons sur vingt-sept ans avant de réussir l'examen, pour la somme de vingt mille livres, en comptant une séance d'hypnothérapie.

Au cours de cette belle série, elle a connu dix instructeurs différents et a perdu le compte du nombre de fois où ils l'ont suppliée d'arrêter la voiture. En tout ce temps, ils n'ont eu le courage de l'inscrire à l'épreuve que trois fois.

Pendant sa première tentative, elle a appuyé sur l'embrayage au lieu du frein et a foncé dans une zone de travaux délimitée par des cônes. La deuxième fois, elle s'est déportée pour se mettre sur la route d'une voiture de police dont le gyrophare et la sirène étaient enclenchés. À la fin, Nick George, son dernier instructeur, lui a donné des leçons gratuites quatre fois par semaine pendant un an parce qu'il voyait en elle un défi à relever.

LA PIRE ÉQUIPE DE RUGBY

Les Runcorn Highfield ont établi un record mondial sans précédent dans l'histoire du rugby en jouant une superbe série de soixante-quinze matchs sans victoire entre novembre 1988 et mars 1991. Pendant une bonne partie de cette période, ils étaient menés par leur charismatique entraîneur-joueur Geoff Fletcher. Personne ne connaissait son âge, mais il avait l'habitude d'accrocher sa perruque au vestiaire avant les matchs.

Après avoir ratissé l'Australie pour chercher de nouveaux talents, les recruteurs de Runcorn sont revenus avec le seul joueur manchot à avoir jamais fait une apparition dans le rugby britannique. Une fois, l'équipe entière a fait grève et s'est mêlée à la foule pour huer son propre camp, parce que les joueurs avaient demandé une augmentation de salaire en cas de défaite. La direction avait proposé de les augmenter en cas de victoire, ce qui semblait ridicule étant donné les circonstances. Runcorn a donc fait jouer une équipe de remplaçants ainsi que leur nouveau coach, un chrétien fraîchement converti de trente-neuf ans qui est sorti de sa retraite pour jouer et s'est fait expulser du terrain après onze minutes de jeu pour comportement violent. Ils ont perdu le match 92-2.

L'équipe de Runcorn a facilement écrasé le record existant de quarante matchs sans victoire. Celui-ci était détenu par Doncaster, qui est devenu le premier club tous sports confondus à mettre en vente son équipe entière en 1980, et dont les joueurs ont admis dans un documentaire télévisé qu'ils avaient du mal à reconnaître leurs propres maillots à cause de la boue, et qu'ils se plaquaient souvent les uns les autres. Après qu'une spectatrice a traversé le terrain de Twickenham en courant seins nus avant un match international, Doncaster a passé des annonces pour qu'une femme faisant au moins du 100D vienne en faire autant dans leur stade, Tatty's Field, dans un ultime effort pour attirer la foule. « Nous serions heureux de nous contenter d'un 95B ou plus », a dit le manager de l'équipe, Tom Norton, devant l'absence de réponse immédiate.

LE BRAQUAGE DE BANQUE LE PLUS BONDÉ

En octobre 1994, les guichetiers effarés de la ville d'Abai, au Paraguay, ont assisté à un exploit sans précédent, puisque leur banque est devenue la première au monde à se faire braquer par deux équipes de malfaiteurs simultanément. La modeste somme d'argent que contenait le coffre ce matin-là a été divisée équitablement en deux. « Apparemment, ils se sont jeté des regards noirs en s'enfuyant par la porte », a déclaré après coup un porte-parole de la police.

LE RECORD DE TENTATIVES AU PERMIS DE CONDUIRE

Cha Sa-Soon, de Corée du Sud, a ouvert la voie en 2009 en ratant son permis pour la 959e fois, record du monde absolu. Elle a raté l'épreuve à 771 occasions avant de décider d'essayer tous les jours.

Elle a passé son premier examen théorique à l'écrit en mai 2005 dans une auto-école de Jeonju, au sud-ouest du Jeolla du Nord. D'après un responsable : « Ce qu'elle faisait surtout, c'était mémoriser autant de questions et de réponses que possible sans comprendre de quoi il s'agissait. »

Les choses semblaient mal parties lorsque Mrs Cha a validé la partie théorique en novembre 2009, mais il n'y avait aucune raison de s'inquiéter puisqu'elle a raté l'épreuve de manœuvres quatre fois et l'épreuve de conduite quatre fois également. En l'honneur de ses prouesses, Hyundai lui a offert une voiture d'une valeur de 16 800 dollars, et elle apparaît dans leur campagne de publicité nationale en première partie de soirée. « Ça ne me dérangeait pas, a-t-elle déclaré. Pour moi, le fait de m'investir chaque jour pour passer l'examen me rappelait mes années d'école. L'école m'a toujours manqué. » Ironie du sort, son nom signifie « véhicule » en coréen.

LA PLUS LARGE DÉFAITE AU FOOTBALL

Pendant plus d'un siècle, l'équipe de foot la plus impressionnante du monde s'appelait Bon Accord, une équipe d'Aberdeen qui avait perdu 36-0 contre Arbroath au cours d'un match du championnat écossais en 1885. Cet exploit a été complètement éclipsé en octobre 2002 lorsque le Stade olympique de l'Emyrne a perdu 149-0 contre son rival, l'AS Adema, lors d'une rencontre du championnat national de Madagascar. Fait encore plus impressionnant, tous les buts ont été marqués contre leur propre camp.

Dans une forme éclatante, le Stade olympique a pris le contrôle total du match. Aucun membre de l'équipe gagnante n'a touché le ballon entre le premier et le cent quarante-neuvième but. Dès la remise en jeu, les joueurs du SOE passaient la balle droit sur leurs défenseurs qui l'envoyaient derrière leur propre gardien, tandis que l'équipe Adema, dépassée, ne pouvait qu'observer la scène d'un air perplexe.

L'idée de cette performance écrasante est venue directement du banc du SOE, car l'entraîneur voulait protester contre certaines décisions arbitrales prises contre son équipe au cours d'un match antérieur.

LA PIRE COURSE DE CHEVAUX

L'impressionnant Quixall Crossett est devenu le cheval le moins performant du monde en 1998, après avoir perdu cent trois courses d'affilée. Le *Racing Post* l'a décrit comme « un cheval incroyablement lent qui risque de devenir une vraie légende locale ».

« Je l'ai inscrit dans certaines des pires courses qui existent, affirme Ted Caine, son éleveur. Il n'a pas vraiment de gros moteur, mais il aime bien cabrioler. » Quixall Crossett a finalement pris sa retraite sous la pression des membres du Jockey Club, réticents à l'idée de renouveler la licence de l'animal, qui notaient son « intérêt décroissant pour la compétition sur le champ de courses ».

Son prédécesseur s'appelait Amrullah et avait participé à soixante-quatorze courses sans victoire. Il avait son propre fan-club, et la BBC a même relayé l'annonce de sa fin de carrière aux informations du soir.

Les chevaux britanniques ne sont plus ce qu'ils étaient, malheureusement, et le record est maintenant détenu par un superbe animal portoricain dénommé Doña Chepa. Pour commémorer sa cent vingt-cinquième défaite de rang à l'hippodrome de Camarero, son entraîneur, Efrain Nieves, s'est vu remettre une plaque.

LE FILM LE MOINS RENTABLE

On se souvient à tort du mois de janvier 2006 pour la sortie de *Harry Potter et les suites qui n'en finissent pas*. Malheureusement, elle a détourné l'attention d'*Offending Angels*, sorti la même semaine, qui est devenu le long-métrage le moins rentable de l'histoire du cinéma britannique.

Le film avait tout pour lui. Il raconte la fabuleuse histoire de deux colocataires flemmards et négligents qui sortent de temps en temps pour jouer au cricket. Dieu prend pitié d'eux et leur envoie deux anges gardiens, Zeke et Paris, pour les remettre sur la voie de la vertu et de la diligence. Fort heureusement, Paris était un dauphin dans une vie antérieure, et Zeke un écureuil, et l'intervention divine se révèle une bénédiction quelque peu mitigée. Ils finissent par tous tomber amoureux.

Quelques jours avant le début du tournage, l'hôtelier indien qui avait accepté de financer la moitié du film a envoyé un fax pour annuler le contrat. La première copie du film ainsi que le mixage de la bande-son ont été égarés deux fois dans la confusion qui a suivi.

Cela n'a pas manqué de provoquer une réaction des critiques ; ce qui, après tout, était le but recherché. Le *Guardian* a écrit : « La mise en scène manque à l'appel, et le script est à au moins quatre brouillons du potable », et selon *Total Film* : « Honnêtement, il y a bien une scène légèrement amusante dans un restaurant chinois, mais ce sont la scène de sexe pastorale et le final larmoyant qui restent en mémoire. »

Dans un cinéma de Croydon, durant toute une semaine, les projectionnistes et l'ouvreur ont été les seules personnes à voir le film. Moins de vingt personnes dans tout le Royaume-Uni ont payé pour le voir. En soustrayant la TVA et la part des cinémas, le film a réalisé un bénéfice total de 17 livres au box-office. À sa sortie, le DVD est devenu un objet collector culte ainsi que l'occasion de posséder un morceau d'anthologie du cinéma. « Mes recettes vont peut-être doubler », a déclaré l'indomptable réalisateur.

LE SPECTACLE LE MOINS POPULAIRE DU FESTIVAL D'ÉDIMBOURG

L'Empty Space Theatre Company, qui porte bien son nom, a établi un nouveau record au festival d'Édimbourg de 1988, puisque personne n'est venu voir sa production. Les membres de la compagnie théâtrale ont distribué des dizaines de billets gratuits pour essayer de réunir un public à la va-vite, mais les gens n'ont quand même pas voulu y aller.

Annonçant « une *Parabole des aveugles* », l'argumentaire évocateur disait : « Des silhouettes médiévales aveugles et bienheureuses dansent vers le fossé inévitable de Bruegel, tandis qu'un mythique poisson rouge asiatique se fait arracher les yeux pour pouvoir chanter mieux. » La directrice de la compagnie, Amanda McClellan, a reconnu que, si elle avait lu ça, elle ne serait pas allée voir la pièce.

Mr Gerald Purfield, qui n'a pas été beaucoup dérangé derrière son guichet pendant le festival, a raconté qu'un soir deux personnes sont venues avec des billets gratuits, mais on les a fait entrer dans la mauvaise salle.

LE PARIEUR LE MOINS DOUÉ

Mr Mick Bates de Wellington, dans le Shropshire, a reçu les louanges des journaux nationaux en août 1996, lorsqu'on a appris que, durant toute sa vie de parieur, il n'avait jamais gagné un seul pari. Sa glorieuse carrière a commencé lorsqu'il s'est essayé aux courses de chiens, mais l'animal sur lequel il avait misé s'est arrêté en plein milieu pour uriner. Bates est passé aux chevaux, mais la bête sur laquelle il avait placé son argent s'est effondrée raide morte pendant la course.

Il s'est alors tourné vers l'athlétisme et a misé sur Linford Christie, une valeur plutôt sûre d'ordinaire sur le cent mètres, qui a été disqualifié après deux faux départs. Bates a ensuite joué de l'argent sur Jonathan Edwards au triple saut, le seul jour de sa carrière où l'athlète n'était pas en forme. « On dirait que je porte la poisse à tout ce sur quoi je parie », a déclaré Mr Bates, alors intéressé par le football.

« J'étais tellement sûr que l'Angleterre échouerait à l'Euro que j'ai misé sur leurs adversaires à tous les matchs. » Il n'a pu qu'assister, impuissant, aux défaites successives de l'Écosse, des Pays-Bas et de l'Espagne.

Lorsque l'Angleterre a battu l'Allemagne après prolongations, il est allé chercher ses gains mais s'est vu répondre qu'en matière de paris, seul le score au bout de quatre-vingt-dix minutes comptait.

Finalement, il a décidé d'utiliser son précieux don pour le bien de son pays. En 1996, afin d'aider Tim Henman et Neil Broad à rapporter à l'Angleterre une médaille d'or olympique lors de la finale de l'épreuve double messieurs au tennis, il a misé sur leurs adversaires. Tandis que Mr Bates, qui pour une fois ne voulait pas remporter son pari, les encourageait, Henman et Broad se sont pris une raclée. Ainsi s'est achevée l'impressionnante série du plus grand parieur vivant.

LE NAVIGATEUR LE MOINS DOUÉ DU MONDE

Le record préexistant du nombre d'appels de détresse par un navigateur solitaire était de quatre. Il a été pulvérisé au cours de l'été 2000 lorsque Eric « le Navigateur » Abbott a demandé les services des secouristes onze fois alors qu'il sillonnait la mer d'Irlande. Peintre en bâtiments au chômage âgé de cinquante-six ans, Mr Abbott a mis les voiles pour la première fois à bord de son yacht fait maison en 1999, furieux contre un système fiscal injuste qui l'avait contraint à prendre la mer pour « se retrouver ».

Par chance, son seul moyen de navigation était une carte routière, ce qui explique pourquoi il n'a jamais réussi à donner aux sauveteurs ne serait-ce qu'une estimation de l'endroit où il se trouvait. Au téléphone avec les services d'urgence, il disait des choses comme : « Je vois des montagnes » ou « Je suis près d'une source de lumière ».

Son onzième sauvetage a eu lieu lors d'un atterrissage spontané sous les yeux du commodore du yacht-club de Rhyl, qui venait de lui accorder une adhésion temporaire. « Je ne crois pas qu'on ait jamais eu quelqu'un d'aussi mauvais », a déclaré le commodore.

Lorsque leur client le plus fidèle demandait des conseils par radio, les garde-côtes de Holyhead reconnaissaient sa voix immédiatement et envoyaient sans attendre des bateaux au large et sur la côte. Malgré leurs efforts pour le faire dévier, Mr Abbott manquait toujours le chenal qui mène au port. « Je lisais parfaitement la carte. C'était juste l'entrée dans le port qui se passait mal. »

Dans sa maison familiale de Northwich, dans le Cheshire, sa fille Julie a déclaré aux journalistes : « Mon père n'a rien à prouver à personne. » Il a fini par accepter de se rendre à un stage nautique d'une dizaine de jours offert par la Royal Yachting Association, ce qui a malheureusement mis un terme à sa superbe carrière.

L'ÉLECTION LA PLUS INUTILE DU MONDE

Depuis l'aube de la démocratie, nous avons attendu l'élection ultime au cours de laquelle aucun candidat n'obtiendrait de voix. Cela s'est enfin produit le 10 juin 2008 à Pillsbury, dans le Dakota du Nord, lors d'une élection du conseil à laquelle personne n'a voté, pas même les assesseurs. C'est la première fois que six candidats se présentent sans opposition et que pas un seul ne gagne.

« Tout le monde a du travail et est très occupé », a déclaré le maire de cette petite communauté rurale, Darrell Brudevold, qui comptait voter pour lui-même mais avait dû s'occuper de ses champs. Sa femme est employée des postes et tient également un salon de beauté, donc elle était elle aussi débordée.

Le conseil se réunit environ cinq fois par an. D'après le maire : « Chaque membre touche quarante-huit dollars l'année, et une bonne partie de cette somme sert à payer les donuts servis pendant les réunions. »

Le secrétaire du comté a demandé aux conseillers en place de désigner quelqu'un qui puisse les remplacer, alors ils se sont désignés eux-mêmes.

LA PLUS LARGE DÉFAITE EN COUPE DU MONDE

Les joueurs des Maldives ont pour la première fois honoré de leur présence la Coupe du monde de football lors du tour préliminaire en 1997. Ils ont apporté une bouffée d'air frais à cette compétition trop souvent marquée par un jeu tactique et défensif. À chaque match qu'ils disputaient, on avait la garantie d'assister à un festival de buts.

Ils ont, par exemple, joué un rôle essentiel dans chacun des buts lors de leur défaite 17-0 contre l'Iran, établissant là un nouveau record. La régularité devait être leur mot d'ordre, car ils ont par deux fois perdu 12-0 contre la Syrie.

Après le match contre l'Iran, la moitié des joueurs des Maldives sont allés voir le coach, Romulo Cortez, pour lui dire qu'ils voulaient arrêter le football. Il a fallu du temps pour les en dissuader. Durant tout leur parcours en Coupe du monde, ils n'ont pas marqué un seul but, sans doute par altruisme.

Cependant, l'exploit des Maldives a été minimisé par les Samoa américaines, qui ont perdu 31-0 face à l'Australie lors d'un match de qualification pour la Coupe du monde de 2002. Avant le match, leur entraîneur a prié pour une intervention divine. « "Terrifiés" n'est pas le mot, a-t-il dit. Nous demandons simplement au Seigneur de nous aider à garder un score décent. » Tellement de buts ont été marqués que le responsable de l'affichage s'est trompé et la FIFA a dû vérifier le résultat auprès de l'arbitre.

LA SORTIE DE SCÈNE LA PLUS RAPIDE

Durant un quart de siècle, le grand acteur Alan Devlin n'avait pas d'égal pour quitter la scène bien avant la fin de la pièce. Par trois fois il a prouvé sa maîtrise de la sortie prématurée, et sa prestation la plus mémorable a eu lieu en 1987 lors d'une production de *H.M.S. Pinafore* au Gaiety Theatre de Dublin. Il n'avait prononcé que la moitié de ses répliques lorsqu'il s'est tourné vers le public, a dit : « M**** à la fin. Je rentre chez moi » et a traversé péniblement la fosse d'orchestre en criant : « Vous finirez sans moi. »

Les plus grands acteurs restent dans la mémoire bien après être sortis de scène, et Mr Devlin ne faisait pas exception. On pouvait l'entendre, le micro encore allumé, commander une tournée dans le pub d'à côté.

Toutes ses grandes sorties arrivaient au milieu des pièces, pour que le public se rende bien compte à quel point la soirée aurait été fade sans son intervention. En janvier 1998, cependant, il a trouvé un sérieux concurrent en la personne d'Adrian Hood, qui a réalisé la prestation de sa vie au West Yorkshire Playhouse et s'est éclipsé après la première réplique de *Weekend Breaks* de John Godber, établissant là un nouveau record du monde.

Alors qu'il jouait le rôle d'un humoriste sujet à l'angoisse, notre homme s'est avancé sous le projecteur, a déclaré : « Je déteste vraiment l'avion », et a quitté la scène pour tout le reste de la soirée. Oh, qu'il était bon ! Très, très bon. Il a su aller droit au cœur de son personnage et évoquer la nature muette de l'anxiété en une crise de panique parfaitement exécutée.

Le dramaturge lui-même a dû lire le reste du texte à sa place. John Sully, du conseil municipal de Leeds, présent dans l'assistance, a raconté : « Le public semblait beaucoup apprécier la situation. Cela a rendu la soirée unique. »

Les gens qui se sont rués pour aller voir la représentation du lendemain ont été déçus de trouver un Mr Hood sans faille.

LA PIRE SÉANCE DE TIRS AU BUT

Les tirs au but sont une façon moderne et impatiente d'en finir avec les matchs de foot au lieu de s'offrir le pur plaisir de les rejouer. Seuls les Mickleover Lightning Blue Sox et les Chellaston Boys s'y sont adonnés comme il se doit, au cours de la séance de coups de pied arrêtés la plus longue et la plus plaisante de l'histoire du football.

Après un score nul 1-1 à l'issue d'un match de coupe locale en 1988, les deux équipes ont manqué leurs soixante-deux premiers essais. Les spectateurs en ont eu pour leur argent avec cet impressionnant festival footballistique, qui a permis aux joueurs de présenter leur répertoire complet : des balles manquées, mal tirées, trop fortes ou adroitement envoyées par-dessus la barre transversale.

Puis un garçon du nom de Richard Smith a fini par marquer pour Chellaston. Ce regrettable incident n'a fait qu'embraser l'équipe adverse, et John Blatherwick a égalisé pour Mickleover. Chellaston a vaillamment loupé son tir suivant, mais là, tout a basculé : Sam Gadsby, dont il vaut mieux ne pas trop parler, a tout gâché en marquant le but de la victoire.

Cette séance de tirs au but de quatre-vingt-dix minutes a été la première à durer aussi longtemps que le match lui-même.

L'EXPULSION LA PLUS RAPIDE

Qu'ils sont loin, les jours où Giuseppe Lorenzo dominait le monde ! Le joueur de Bologne s'est un jour fait expulser au bout de dix petites secondes de jeu. Pour prouver que tout va plus vite dans notre monde moderne, un dénommé Lee Todd a reçu un carton rouge après seulement deux secondes lors d'un match amateur contre les Taunton East Reach Wanderers. Lorsque l'arbitre a sifflé le coup d'envoi, Mr Todd s'est exclamé : « P*****, c'était fort », et s'est fait renvoyer du terrain.

Ce n'était pourtant pas là l'expulsion la plus rapide, et ce à cause de l'entrée du plus grand champion de tous les temps, le génial Chris Glanville, comme remplaçant de Deanwood au cours d'un match de la Medway Sunday

League en décembre 1996. Il a été expulsé après une seconde alors qu'il n'avait mis qu'un pied sur le terrain, parce qu'il portait un piercing.

« L'arbitre lui a demandé d'enlever sa boucle d'oreille, mais il ne pouvait pas. Il venait de se faire percer », a raconté John Wren, le secrétaire de Deanwood. « C'était l'un des plus jeunes joueurs de l'équipe B, et notre directeur sportif voulait lui donner un peu de temps de jeu » ; mission parfaitement accomplie.

Malgré tout, il ne s'agit toujours pas du record du monde, détenu conjointement par Keith Gillespie de Sheffield United et Walter Boyd de Swansea City. Au cours de deux matchs différents, ils ont couru sur le terrain pour immédiatement aller cogner sur un adversaire avant de se faire dégager. Dans les deux cas, la balle n'était pas en jeu, et ils se sont donc techniquement fait renvoyer après zéro seconde.

LE PIRE JOUEUR DE TENNIS DU MONDE

Diego Beltranena est devenu le joueur de tennis le plus impressionnant du monde en août 2005 en perdant cinquante-quatre matchs internationaux d'affilée, sur lesquels il ne remporta qu'un seul set. Mais le record du grand Guatémaltèque est tombé en seulement trois ans.

En 2008, la série de défaites du Britannique Robert Dee

avait également atteint les cinquante-quatre d'affilée, mais sans gagner le moindre set. Malheureusement, il a manqué l'occasion de creuser l'écart : cédant à la pression, il a remporté sa cinquante-cinquième rencontre.

Un journal britannique a décerné à Mr Dee le titre ultime de « pire joueur de tennis du monde », mais, chose incroyable, celui-ci a refusé cet honneur et a préféré attaquer les journalistes en justice. Heureusement, le juge lui a confirmé qu'il était bel et bien le pire joueur du monde jusqu'à preuve du contraire, même s'il ne mérite clairement pas cette distinction à cause de son inexplicable problème de comportement.

LE JOUR LE PLUS ENNUYEUX

En tapant plus de trois cents millions d'informations dans un moteur de recherche spécialement conçu à cet effet, le chercheur britannique William Tunstall-Pedoe a découvert que le 11 avril 1954 était officiellement le jour le plus ennuyeux du XXe siècle. Il ne s'y est quasi rien passé : ni putsch, ni accident, ni singe dans l'espace. Le footballeur Jack Shufflebotham d'Oldham Athletic s'est éteint à l'âge de soixante-neuf ans et une élection s'est déroulée dans le calme en Belgique. C'est également ce jour-là qu'est né l'ingénieur électrotechnicien Abdullah Atalar, dont les dernières recherches s'intéressent à « la conception de circuits intégrés et la linéarisation des amplificateurs RF ».

Il y aurait apparemment eu des projets de coup d'État à Yanaon, autrefois colonie française, mais rien ne s'est concrétisé. Ce jour-là, les chiens ont dormi, les vaches ont été traites et les enfants ont continué de grandir en s'amusant.

2

PRENDRE L'INITIATIVE

« Un véritable échec n'a pas besoin d'excuse : c'est une fin en soi. »

GERTRUDE STEIN

LA CONFÉRENCE SUR LA SURVIE LA MOINS RÉUSSIE

Invité à donner une conférence sur comment survivre dans la nature, Alistair Emms est arrivé en avance à l'Allhallows School, qui se trouve perchée en haut d'une falaise isolée près de Seaton, dans le Devon. Il avait du temps à perdre en cette belle journée d'octobre 1992, alors il a décidé de se balader avant son discours. Comme il n'était toujours pas revenu une heure plus tard, on a envoyé les garde-côtes le chercher.

Ne trouvant aucune trace de lui, ils ont appelé la police et deux autres unités de sauveteurs. À ce stade, quarante personnes du coin, cinq policiers, un chien renifleur et deux hélicoptères étaient impliqués dans les recherches. Il a fallu cinq heures pour secourir l'intrépide Mr Emms.

Jeremy Willis, professeur de musique de l'école, a déclaré : « Une équipe a escaladé la falaise en coupant par les buissons, et ils ont fini par le retrouver. » Mr Emms s'est fait hélitreuiller et n'a jamais donné sa conférence.

LE PIRE CORRESPONDANT DE GUERRE

Le plus grand correspondant de guerre dans notre domaine s'appelle Phesheya Dube, anciennement « Notre reporter en direct de Bagdad » pour la matinale de Radio Swaziland en mars 2003. Il faisait d'édifiants reportages à couper le souffle sur ce qu'il voyait de la guerre en Irak. Ces comptes rendus sont devenus encore plus impressionnants lorsqu'on a découvert qu'il se trouvait en fait dans un placard à balais à Mbabane, la capitale swazie.

Dans le chaos de la guerre, il est souvent difficile d'obtenir des informations exactes, mais apparemment Mr Dube bricolait les siennes à partir de reportages télévisés, et il aurait même utilisé des bruitages. Le présentateur en studio exprimait souvent des craintes au sujet de sa sécurité. Il lui a un jour conseillé de trouver une grotte pour se protéger des missiles. Lorsque la station a perdu le contact avec notre homme, le présentateur a demandé aux auditeurs de prier pour lui.

Les correspondants de guerre qui se trouvaient vraiment en Irak mettaient des jours à voyager d'un bout à l'autre du pays, mais Mr Dube pouvait passer de Bagdad à Basra avec une grande facilité et à moindres frais. Le stress de la vie dans une zone de conflit était tel qu'il sortait souvent faire un tour à Mbabane. Un jour qu'il passait devant le Parlement, les députés sont sortis pour le féliciter de ses reportages saisissants et le supplier de ne pas y retourner. Lorsqu'ils l'ont entendu à la radio un peu plus tard cet après-midi-là, ils ont commencé à se poser des questions.

Une telle qualité radiophonique fait naître des mondes entiers dans notre imagination. Pour ce que nous en savons, peut-être que toutes les émissions de la BBC Radio 4 proviennent d'un placard à balais.

LE PROCUREUR LE MOINS EFFICACE

Peu de procureurs ont réussi à dérouter leurs adversaires aussi bien que sir Harold Cassel. Sa plus grande prouesse a eu lieu au tribunal de Bow Street à Londres dans les années cinquante. Après un réquisitoire plutôt convaincant contre un homme accusé d'avoir volé une moto, il s'est rendu compte que personne ne défendait celui-ci. Proposant ses services, il est intervenu, a démonté ses propres arguments et fait acquitter l'homme. À la fin de l'affaire, le juge a déclaré : « Les deux avocats se sont montrés très utiles. »

Plus tard, sir Harold est devenu un juge tout aussi éminent. S'adressant à deux prévenus qui comparaissaient pour vol de briquets, il a dit : « Vous avez de la chance de tomber sur le pire juge d'Angleterre. »

Un jour, alors qu'il jugeait un homme qui affirmait avoir été blessé par des menottes, il est passé outre aux protestations des policiers et a testé lesdites menottes lui-même. « Alors, monsieur l'agent, a-t-il fini par dire. Vous pourriez peut-être me les enlever, maintenant. » « Mais, monsieur le président, a répondu le policier, j'ai justement essayé de vous dire que nous n'avions pas la clé. » Sir Harold a joyeusement déjeuné, menottes aux poignets, pendant que les policiers partaient à la recherche de ladite clé.

LA PIRE EXPÉDITION POLAIRE

Les meilleurs explorateurs sont des gens pourvus d'une immense détermination. Ils savent être autonomes et refusent d'abandonner là où d'autres affirment que leur but est inatteignable. Menés par l'inoubliable José María Molina, les membres de la grande expédition espagnole du pôle Nord de 1982 étaient dotés de toutes ces qualités.

Cette année-là, après un voyage à skis dans les Andes, ces quatre amis ont décidé d'organiser une expédition polaire. Supposant que les Andes et le pôle Nord n'étaient pas si différents, ils devaient tout d'abord trouver le moyen de transport idéal. Fallait-il choisir les huskies, les motoneiges ou de simples motos ? Les motos, évidemment, même si cela impliquait d'emporter trois cent cinquante litres d'essence. Sans cesse inventifs, ils ont aussi conçu eux-mêmes leurs traîneaux, qui ressemblaient à des caddies de supermarché à trois étages montés sur skis.

Ils n'ont consulté aucun expert et ont habilement ignoré tous les conseils qu'on leur donnait. Ce n'est qu'en apprenant qu'ils devraient faire face à d'énormes crevasses, à des ravins plongeants et autres abysses béants qu'ils ont accepté d'entendre l'avis de professionnels : ils ont ajouté dans leurs bagages un pont escamotable en deux parties.

Le gouverneur de l'archipel des Svalbard, en Norvège, leur a dit que se rendre au pôle Nord à moto par vent violent, surtout avec des traîneaux à trois étages, était impossible. Au bureau du gouverneur, on a cru que ça suffirait à les dissuader. Le lendemain, on annonçait l'arrivée de l'expédition à l'aéroport.

Le 26 février 1982, nos Espagnols ont débarqué avec un journaliste et un photographe, parce qu'il fallait absolument immortaliser une telle aventure. Presque tous les habitants des Svalbard sont venus à l'aéroport pour assister au déchargement du matériel. Ils ont constaté que la nourriture des explorateurs n'était pas conditionnée dans les habituels sacs en plastique, mais dans de gros cartons dont le fond s'est détaché dès qu'ils ont été mouillés par la glace. Le pont a suscité des exclamations admiratives et on se pressait pour assister aux essais de l'équipement sur le parking. Les motos n'arrivaient plus à tirer les traîneaux une fois les affaires chargées. À vide, et rien qu'avec une petite poussée pour démarrer, les véhicules se renversaient.

Les aventuriers ont fini par décider que des motoneiges

feraient en fin de compte mieux l'affaire. Ils ont essayé de revendre leurs motos, mais personne n'en voulait.

Pendant ce temps, la glace fondait aux Svalbard et l'expédition a dû être abandonnée. Quand des journalistes leur ont demandé s'ils n'étaient pas lassés de voir les gens sourire et hocher la tête en les voyant, nos hommes ont répondu : « Non, nous pensons que c'est agréable d'avoir des gens heureux autour de nous. »

LE PIRE SOSIE D'ELVIS

La steakhouse de Lil Thompson, dans le Tennessee, a organisé le meilleur concours de sosies d'Elvis Presley alors que le chanteur était au sommet de sa gloire. De nombreuses personnes sont venues y assister, y compris Elvis lui-même. Il a décidé de participer et s'est sagement assis dans le fond. « Je vais tous les écraser », a-t-il déclaré avec assurance.

Lil craignait que les gens pètent les plombs en réalisant que c'était Elvis. Ses craintes se sont révélées infondées. Le King a chanté « Love Me Tender » sous des applaudissements polis et a fini troisième.

LE MOINS BON PÈLERINAGE LITTÉRAIRE

Grand amateur du poème de Rupert Brooke « The Old Vicarage, Grantchester », le révérend Roy Briggs a décidé d'aller photographier la fameuse horloge décrite dans les vers, avec ses aiguilles sur trois heures moins dix :

L'horloge de l'église indique-t-elle trois heures moins dix?
Et reste-t-il du miel pour le thé?

En avril 1993, il a parcouru près de dix mille kilomètres de sa paroisse de Johannesburg jusqu'au Cambridgeshire, est arrivé à Grantchester juste à temps, a trouvé la maison, est allé dans le jardin et a sorti son appareil photo. L'horloge s'était arrêtée à une heure cinq.

L'INTERVENTION ARMÉE LA PLUS ZÉLÉE

En mars 1998, des voitures de police sont arrivées à toute allure à Rolvenden, sirènes hurlantes et gyrophares allumés. Les policiers ont vaillamment pris possession de ce petit village paisible du Kent en une intervention éclair sans faille, après qu'on avait vu quelqu'un tirer au pistolet à la fenêtre d'un cottage.

Plus de trente agents armés ont encerclé la maison et le village a été bouclé pendant deux heures tandis que les policiers attendaient que sorte le suspect. Des tireurs d'élite ont pris position avec des fusils automatiques sur les bâtiments alentour et un négociateur accroupi derrière une voiture a crié dans un mégaphone : « Vous êtes cerné. Sortez, les mains en l'air. »

À l'intérieur, Violet Hook, une femme dure d'oreille âgée de quatre-vingt-six ans, se préparait un peu de thé et se reposait sur sa chaise de cuisine, oublieuse de l'agitation. Elle a fini par entendre les appels et elle est sortie, toujours armée du pistolet à bouchons dont elle se servait pour faire fuir les corbeaux de son toit, curieuse de savoir d'où venait ce raffut.

Eric Lowell, un voisin et ami de Mrs Hook, a déclaré : « Il y avait des policiers partout, leurs armes pointées sur la maison de Vi. J'ai essayé de leur dire que c'était un pistolet à bouchons, mais ils m'ont ordonné de retourner à l'intérieur pour ma propre sécurité. »

Lorsque la police a demandé à Mrs Hook de jeter son arme, elle a répondu : « Hors de question. Je ne vous connais même pas. En plus, je dois sortir et il faut que j'aille me préparer. »

LA PIRE INAUGURATION DE PONT

En 1932, une foule considérable était réunie pour assister à l'inauguration d'un pont par le Premier ministre de la Nouvelle-Galles du Sud. Le moment approchait, l'orchestre jouait et on agitait des drapeaux. Saisissant sa chance, Francis de Groot, un Irlandais, s'est avancé à cheval au galop, sabre à la main, a crié : « Au nom du peuple de Nouvelle-Galles du Sud, je déclare ce pont ouvert », a coupé le ruban et foncé sur l'autre rive.

Lorsque le Premier ministre est arrivé, il a trouvé l'endroit étrangement silencieux et le pont déjà inauguré, ce qui l'arrangeait puisqu'il était très occupé et qu'il avait mille choses plus importantes à faire. Il a fallu du temps pour retrouver Mr de Groot, mais une fois enfin arrêté, on l'a envoyé à l'asile. Après une journée d'examens, plusieurs médecins ont décidé qu'il était parfaitement sain d'esprit. Il a reçu une amende de 4 livres pour trouble à l'ordre public et 2 livres pour avoir abîmé le ruban.

LE PIRE DÉGUISEMENT I

En septembre 1999, la police de Los Angeles a arrêté une femme complètement nue avec un seau sur la tête. Sommée d'expliquer cette situation compromettante, elle a déclaré que, s'étant déshabillée, elle était sortie un instant sur sa terrasse, mais la porte s'était refermée derrière elle. Après réflexion, elle a mis un seau sur sa tête pour qu'on ne la reconnaisse pas, elle est sortie chercher de l'aide et s'est perdue. Ce n'est pas donné à tout le monde.

LE PIRE DÉGUISEMENT II

Un des plus beaux exemples de transparence policière est venu d'un certain agent Dean Cunnington du commissariat d'Albany, dans le centre de Londres, qui en 1997 a eu une idée géniale.

Dotés d'un mandat de perquisition, les policiers n'arrivaient pas à pénétrer dans un immeuble dont la seule entrée était une porte blindée, mais l'agent Cunnington s'est révélé être un as du déguisement. Avec une virtuosité dont même le célèbre Mouron rouge n'aurait pas su faire preuve, il a décidé d'emprunter un uniforme de facteur.

Déguisé en postier, il s'est avancé jusqu'à la porte et a

cogné fort. « Qui est là ? » a demandé une voix à l'intérieur. « C'est la police », a répondu Cunnington.

LE MOINS BON AGRESSEUR AU MONDE

En mars 1993, un agresseur s'est approché de Roger Morse, originaire de Winnipeg au Canada, et a hurlé : « File-moi ton portefeuille ! » Il s'agissait jusque-là d'un racket parfaitement traditionnel au cours duquel le malfaiteur a pu récupérer vingt dollars canadiens. De façon moins traditionnelle, Mr Morse lui-même s'est ensuite mis à crier : « Rendez-moi mon portefeuille ! » Nous entrons alors en terrain inconnu, et ce qui suit est hautement expérimental : stupéfait de cette requête inédite, le voleur a tendu son propre portefeuille par erreur et s'est enfui de la scène du délit, laissant sa victime plus riche de 250 dollars.

LA PIRE ASSOCIATION DE MALFAITEURS I

La courte mais exaltante carrière criminelle de Michael Smith s'est abruptement achevée en juin 1995 quand son complice, pris de remords, l'a arrêté. Mr Smith venait d'empocher 760 livres, volées à un employé du bureau de paris William Hill à Whitechapel, dans l'est de Londres, lorsque son partenaire de hold-up lui a fait une clé de bras et l'a maintenu en place en attendant la police. Devant la cour, l'avocat de celui-ci a dit : « Sa conscience l'a fait changer d'avis. »

LA PIRE ASSOCIATION DE MALFAITEURS II

En plein braquage d'un magasin de disques à Detroit en 1994, Clive Robertson a crié : « Personne ne bouge ! » Lorsque son complice a tendu la main vers le sac destiné à mettre l'argent, Mr Robertson lui a tiré dans le pied.

LA PIRE ARRESTATION PAR UN SIMPLE CITOYEN

Par une matinée ensoleillée d'octobre 1995, un jeune homme rôdait de manière suspecte devant une agence dublinoise de l'Allied Irish Bank lorsqu'un agent de sécurité est sorti avec une mallette pleine d'argent.

Soudain, le jeune homme a crié, dégainé un pistolet, tiré sur l'agent, saisi l'argent, et sauté sur une moto vrombissante pilotée par un complice.

Alors qu'ils s'engageaient dans la circulation, seul un homme a agi : notre héros. Le conducteur d'une camionnette qui passait par là a vu toute la scène et a fait marche arrière dans sa Renault vers les fuyards. Les deux malfrats ont été projetés sur le capot d'une voiture. Ils se sont relevés et ont fixé le conducteur du van, horrifiés et incrédules.

Horrifiés et incrédules l'étaient également le réalisateur, l'ingénieur du son, le cameraman et toute l'équipe de *Crimeline*, une émission télévisée irlandaise très populaire, qui faisait une reconstitution d'un braquage antérieur pour aider la police à résoudre l'enquête. « Parfois, il est préférable de ne pas intervenir », a conclu l'*Irish Times*.

UNE AFFAIRE DE DÉMINAGE

Durant l'hiver 1992, on a découvert un colis suspect devant le centre de l'armée de réserve à Bristol. Les réservistes ont prévenu la police, qui a prévenu une unité de déminage de l'armée, qui a fait exploser le paquet. Il s'est plus tard avéré que le carton contenait des prospectus qui expliquaient comment identifier les colis suspects.

LA CAMPAGNE DE PRÉVENTION SEXUELLE LA MOINS EFFICACE

En février 1999, le responsable de la communication du planning familial de Johannesburg, David Nowitz, a reconnu que leur récente campagne de prévention sexuelle avait fait grimper significativement les risques de maladies sexuellement transmissibles et de grossesses non désirées.

En partenariat avec le gouvernement, ils avaient distribué des milliers de brochures en zoulou, xhosa, anglais, sotho et afrikaans, mettant en scène le personnage de « Johnny le Préservatif » pour prévenir des dangers du sexe sans protection. Un préservatif offert par le gouvernement était attaché dessus.

« Nous avons passé commande chez une entreprise de diffusion à petit budget », a déclaré Mr Nowitz en expliquant que les préservatifs avaient été agrafés aux brochures, et donc perforés.

LE GROUPE MILITANT LE MOINS CONVAINCANT

Le groupe d'action Fathers 4 Justice a été créé pour améliorer l'image des pères divorcés et prouver qu'ils étaient suffisamment responsables pour avoir un droit de garde égal à celui des mères. En 2006, après que trois membres déguisés en Batman ont été arrêtés en train d'escalader les grilles de Downing Street pour aller enfariner le Premier ministre, Matt O'Connor, le fondateur, a annoncé qu'il allait dissoudre l'organisation. « Je pense que les pères ne sont pas encore prêts pour les changements que nous souhaitons », a-t-il dit, en concluant que les mères étaient simplement plus matures.

Sur une période de trois ans, les membres de Fathers 4 Justice ont barbouillé de peinture violette le siège du tribunal de la famille et ont provoqué un embouteillage pendant quarante minutes quand l'un des leurs s'est assis sur une grue de quarante-cinq mètres de haut déguisé en Spiderman. Ils se sont aussi menottés à la ministre de l'Enfance Mrs Margaret Hodge au cours d'une conférence de juristes, ont annoncé leur intention de kidnapper le fils du Premier ministre âgé de cinq ans, et sont restés assis trois jours durant sur le toit de la Cour royale de justice.

« La vérité, c'est que notre organisation est dirigée par des femmes depuis des années », a ajouté Mr O'Connor, qui ne tarissait pas d'éloges sur leurs compétences administratives.

3

LE FAIRE SUR SON LIEU DE TRAVAIL

« Si vous avez quarante ans
et que vous n'avez jamais connu d'échec,
vous avez raté quelque chose. »

Gloria Swanson

FAIRE LE BOULOT

L'AGENT DE SÉCURITÉ LE PLUS VIGILANT

Le meilleur dans cette catégorie est un certain Carl Shimmin, qui a refusé de laisser entrer la reine d'Angleterre au spectacle équestre royal de Windsor en mai 1991. « Désolé, ma petite dame, on ne rentre pas sans vignette », a-t-il dit à la souveraine, la main tendue pour arrêter la Vauxhall Carlton qu'elle avait conduite elle-même du château de Windsor, soit sur une distance de cinq cents mètres.

« Je croyais que c'était une personne âgée qui s'était égarée », a-t-il déclaré par la suite, expliquant que, comme vous le savez déjà, les vignettes sont très importantes et que c'est son travail de les contrôler. La reine a baissé la vitre et répondu : « Si vous vérifiez bien, je crois que je suis autorisée à entrer. »

« La reine n'avait pas l'air fâchée du tout », a plus tard noté Shimmin. Tous les passagers de sa voiture souriaient, car ce n'est pas tous les jours qu'on rencontre un original de ce calibre.

LE PIRE PILOTE PORTUAIRE

Choisissant parfaitement sa vocation, William Lee Murrell est devenu pilote en mars 1860 dans la baie de Port Phillip à Melbourne.

Aux commandes du bateau à vapeur *Barwon*, il a très vite fait preuve d'élégance en allant se heurter à deux autres vaisseaux. Ce n'était clairement pas un coup de chance. Un an plus tard, alors qu'il pilotait le SS *Balclutha*, il est entré en collision avec deux nouveaux bateaux, le SS *Aphrasia* qui a coulé et le SS *Minna* qui s'est échoué.

Ses débuts s'annonçaient prometteurs, mais personne n'avait mesuré l'ampleur de son talent jusqu'en 1864, lorsqu'on lui a confié le *Southern Cross*, un vapeur flambant neuf, qui l'a vraisemblablement beaucoup inspiré. En faisant demi-tour, il a détruit l'intégralité du quai. À peine un an plus tard, il a encastré le même bateau dans le même quai, qui venait d'être reconstruit.

Il a prouvé sa polyvalence en passant brièvement aux commandes de l'*Alhambra* et, alors qu'il faisait demi-tour avec celui-ci, il est venu percuter le flanc du *Southern Cross*.

Ce n'est qu'à ce moment-là que son génie a commencé à émerger. À nouveau à bord du *Southern Cross*, il a immédiatement arraché les hélices accidentellement. Deux ans plus tard, il s'est échoué avec l'*Alhambra*. Puis il a envoyé le *Macedon* dans le *Catherine Jane*, et le *Blackhawk* dans la poupe du *Sir Harry Smith*. Il est intéressant de mentionner qu'en manœuvrant le *Dandenong*, il s'est aussi heurté au côté de l'*Alhambra*, réussissant par là un triplé personnel avec ce bateau.

Mr Murrell est alors entré dans sa prolifique période de maturité, sous le regard des marins émerveillés. Il s'est échoué à bord du *Leura* deux jours de suite, et le troisième, alors qu'il mettait le *Tamar* à quai, il est entré en collision avec le *Leura*. Six jours plus tard, c'est à la barre du *Lady Darling* qu'il s'est échoué, avant de lui arracher l'hélice — deux fois en deux mois — en essayant d'amarrer le *Ringarooma*. Puis il a envoyé l'*Oméo* dans le *Tamar*, échoué l'*Easby* et l'*Adela*, planté une nouvelle fois le *Leura* avant de s'échouer encore à son bord six mois plus tard. Deux semaines après, il a arraché l'hélice du *Mangana*, encastré le *Rodondo* dans un quai et mis le *Southern Cross* hors service pour la cinquième fois, un record.

Lorsque ce matelot unique en son genre a pris sa retraite en 1892, sa place dans l'histoire de la marine était déjà assurée.

LA PIRE CÉLÉBRATION DU MONDE

En 1987, désireux de célébrer le centième jour sans accident à la centrale électrique de High Marnham après une campagne de prévention, son directeur, Mike Johnson, a demandé qu'on fasse flotter un drapeau officiel. L'agent de sécurité hissait ledit drapeau lorsque la poulie s'est décrochée et l'a assommé. « C'est vrai. On a tout fait foirer », a reconnu Mr Johnson après coup.

L'ART DE SERVIR LA CLIENTÈLE

Au cours d'une véritable masterclass de gestion hôtelière, Herr Erwin Wagner a beaucoup fait parler de la Pension Kaiserblick à Söll. Pour s'assurer que ses clients prennent suffisamment de repos pendant leur séjour autrichien en mai 1994, il leur a ordonné d'aller se coucher à neuf heures du soir.

Edna King, une institutrice de Leamington Spa à la retraite qui a fait remarquer que les clients, un groupe de touristes britanniques, étaient tous d'âge mûr et complètement pacifiques, a déclaré : « Il s'est approché d'un pas lourd et a hurlé : "Neuf heures : fini ! C'est fini. Rentrez dans vos chambres." Il cognait sur les tables et ses yeux menaçaient de sortir de ses orbites. Nous n'arrivions pas à le croire. »

Fatigués par leur long voyage, ils n'ont pas discuté et sont allés se coucher. Le lendemain, ils étaient bien requinqués et déterminés à rester debout.

Le deuxième soir, le ponctuel Herr Wagner a une fois encore exigé que ses clients aillent au lit à neuf heures. Devant leur refus, il les a enfermés dans la salle à manger et a appelé la police.

L'un des vacanciers a tenté d'intervenir pour mettre fin à la querelle. Avec une grande délicatesse, le propriétaire a dégondé une des portes et chargé ses clients avec ladite porte en guise de bélier, les obligeant à battre en retraite dans leurs chambres.

« Nous avons dit que nous ne voulions pas aller nous coucher si tôt, et Herr Wagner a pété les plombs, a raconté Miss King. Il a dit que nous étions éméchés, alors que je ne bois que du thé et de la limonade. »

Lorsque le voyagiste lui a demandé des comptes, Herr Wagner a répondu : « C'est mon hôtel. Si je dis que c'est neuf heures, c'est neuf heures. Il n'y a pas d'endroit pour s'asseoir et bavarder, chez nous. Je les connais bien, les Anglais : dès que je suis couché, ils boivent du gin et du whisky. »

LES PLUS MAUVAIS POMPIERS

En mars 2000, Cecilia Perry, remarquant un départ d'incendie sur la moquette d'une chambre à l'étage de sa maison en Virginie, a appelé les pompiers. En les attendant, elle a versé des seaux d'eau sur les flammes avec l'aide de ses voisins. Le temps que deux camions de casernes rivales arrivent, le feu était éteint.

Mais les hommes ont insisté pour faire des choses viriles et courageuses, alors ils sont tous entrés dans la maison et ont aspergé la moquette jusqu'à ce qu'une bagarre éclate pour savoir à qui revenait cette intervention.

Lors de la dispute prolongée, les pompiers ont défoncé certains meubles et se sont mutuellement envoyés valdinguer dans tout le rez-de-chaussée de la maison. Le capitaine Chauncey Bowers, porte-parole des soldats du feu, a annoncé que « l'incendie avait causé des dégâts estimés à un montant de 1 500 dollars, et les pompiers à 3 000 dollars ».

LE PROCÈS LE MOINS SATISFAISANT

En 1939, l'avocat Mustafa Yildirim a déposé une plainte revendiquant, dans l'ouest de la Turquie, la propriété d'une petite parcelle de terrain. Il a bien évidemment été ravi d'apprendre que la cour d'appel avait fini par se prononcer en faveur de ses clients, contre les villageois voisins, cinquante-neuf ans plus tard.

« J'étais destiné à venir à bout de ce procès », a déclaré Mr Yildirim à des journalistes d'Anatolie en juin 1998. Ensuite, il a fait remarquer qu'il devrait fêter cette victoire seul, puisque aucun de ses six collègues impliqués dans l'affaire, ni les quinze juges qui l'avaient présidée, ni ses clients, ni aucun des villageois ayant un quelconque intérêt dans le procès, du côté de la défense ou de l'accusation, n'étaient encore en vie ; pas la moindre personne susceptible de payer ses honoraires.

LA RÉACTION LA MOINS DIGNE À UN REFUS DE CANDIDATURE

Se faire recaler après un entretien d'embauche, c'est naturel et ça arrive dans la vie de tous les jours, tout comme se faire virer pour faute, se faire licencier ou recevoir un avertissement. Il est important de bien réagir à de telles nouvelles, et Larry Walters a placé la barre très haut en 1982, après l'échec de sa candidature au poste de pilote dans l'US Air Force.

Il voulait leur prouver qu'ils avaient tort, alors il a fait la seule chose à faire en de pareilles circonstances : il a acheté quarante-cinq ballons-sondes dans un surplus militaire, les a remplis d'hélium et attachés à sa chaise de jardin, sur laquelle il s'est assis, armé d'un pistolet à air comprimé (pour faire éclater les ballons quand il voudrait descendre). Au lieu de s'élever doucement dans les airs comme il l'avait prévu, il est parti en flèche à trois mille mètres d'altitude au-dessus de la piste d'atterrissage principale de l'aéroport de Los Angeles.

Quand l'équipe de secouristes venue le chercher en hélicoptère pour le ramener sur la terre ferme au bout d'une corde quatorze heures plus tard lui a demandé pourquoi il avait fait ça, Mr Walters a répondu : « Je ne pouvais pas simplement rester assis à ne rien faire. »

L'ESPRIT D'INITIATIVE

LE PIRE PROPRIÉTAIRE DE JOURNAL

Les hommes d'affaires rachètent des journaux parce qu'ils aiment avoir de l'influence et une équipe de journalistes intimidés sous leurs ordres. Les journalistes du *New York Post* ont joyeusement rompu avec la tradition en mars 1993 lorsqu'ils ont accueilli leur nouveau propriétaire avec ce titre en une : « C'est qui ce taré ? »

Le rédacteur le plus populaire a été viré le premier jour, quoi de plus normal, et les autres employés se sont retrouvés seuls face à leurs machines dans la salle de rédaction. Sur la première page, on pouvait voir un portrait du fondateur du journal, Alexander Hamilton, agrémenté numériquement de quelques larmes dans les yeux. À l'intérieur, la section informations était intégralement dédiée à des piques du personnel sur les défauts du nouveau patron, Abe « le Roi du parking » Hirschfeld.

Sur dix pages de reportage cinglant, ils prétendaient

qu'il avait un jour enfermé une représentante de la ville de New York dans son bureau jusqu'à ce qu'elle lui délivre un certificat de qualité de l'air pour un de ses parkings. Ils mettaient aussi en avant le fait qu'il s'était non seulement comparé à Einstein et à Dieu, mais qu'il avait également essayé de limoger soixante et onze employés qui s'étaient rebellés contre ses velléités de publier les poèmes de sa femme dans le journal.

Mr Hirschfeld a reconnu qu'il ne connaissait rien aux journaux, et il a déclaré vouloir fermer l'endroit pour en faire un nouveau parking. À la une de l'édition du lendemain se trouvait une photo de Mr Hirschfeld accompagnée du gros titre : « Va te faire voir ! »

Les cinq cent mille copies vendues du journal sont aujourd'hui des objets collectors. Même le patron était ravi. « C'est exactement ce que j'avais prévu. Je crois que personne d'autre dans l'histoire n'a eu droit à dix pages sur lui dans le *New York Post*. Rome n'a pas brûlé en un jour. »

LE PIRE MAGASIN

Peu de gens ont réussi à juguler notre intérêt malsain pour le shopping aussi bien que Sohan Singh, qui est entré dans l'histoire de la vente au détail en janvier 1998 en devenant le premier commerçant à interdire l'accès de son magasin à tous ses clients. « Ils sont bruyants et impolis », a-t-il expliqué.

Mr Singh, qui se décrivait lui-même comme un « homme de principes », avait déjà banni les poussettes, les animaux, les fumeurs et tous ceux qui emploient un langage grossier, lorsqu'il a décidé que la seule façon d'endiguer la montée des comportements indisciplinés était d'exclure tout le monde. Quiconque désirait acheter des produits dans son magasin Glenthorpe Stores, situé dans un quartier de Leeds appelé Burmantofts, devait désormais jeter un œil dans la vitrine, décider de ce qu'il voulait et sonner pour se faire servir à travers une petite trappe pratiquée dans la porte d'entrée.

« C'est incroyable, a déclaré Kathryn Little, une voisine. Il n'a pas beaucoup de clients, de toute façon. »

UN MUSÉE QUI VAUT LA PEINE D'ÊTRE VISITÉ

Si vous ne devez visiter qu'un seul musée dans votre vie, choisissez la Maison de cires Louis Tussaud à Great Yarmouth. En 2003, le *Daily Mirror* l'a saluée comme étant « le pire, mais vraiment le pire, musée au monde ». Il s'agit d'un immense honneur, certes, mais l'endroit a bien plus à offrir.

Chez Madame Tussaud, à Londres — musée fondé par l'illustre grand-mère de Louis —, les célébrités restent assises des heures durant, recouvertes de plâtre, afin de pouvoir exhiber leur image devant de longues files de touristes. La bonne nouvelle, c'est que les stars sont un peu plus réticentes à venir jusqu'à Great Yarmouth pour ce faire, donc les travaux de cire y sont réalisés à partir de photos, et peut-être même de mémoire.

Le joyeux résultat consiste en cent cinquante superbes statues de cire de célébrités, membres de la famille royale, hommes politiques et sportifs qui ne ressemblent qu'à peine, ou pas du tout, aux gens qu'elles sont supposées représenter. La plupart sont accompagnées d'une plaque, souvent nécessaire à une identification certaine.

Le prince Charles a une tignasse mal peignée, et on confond souvent le footballeur irlandais George Best avec Dustin Hoffman jeune. Diana Dors, la bombe blonde du cinéma des années cinquante, a les dents jaunes et paraît quelconque, tandis que la princesse Diana a déjà été comparée à « un Beatle à cheveux couleur paille qui passerait pour un catcheur tout droit sorti des années soixante-dix ». Tous sont plaisamment vêtus dans le style Marks & Spencer.

Peter Hayes, quatre-vingts ans passés, a dirigé ce musée pendant plus de cinquante ans : « Nous avons quelques belles pièces, et je dirais que la princesse Diana est le joyau de la collection. »

À l'extérieur, un panneau indique : « Il faut considérer ces statues de cire comme des arrêts sur image du passé. » Grâce à un subtil manque de mise à jour, ces merveilleuses personnalités remontent toutes aux années soixante-dix et début quatre-vingt. Il s'agit là de bien plus que de cires :

ce sont des œuvres d'art, une capsule temporelle et une importante leçon sur le caractère éphémère de la célébrité. Qui était Sam Fox ? Et Max Boyce ?

Cédant tragiquement à la modernisation en 2008, le musée a mis en vente aux enchères soixante-dix statues qui n'étaient plus exposées. Même Mr Hayes et son équipe avaient du mal à en identifier certaines. « Les fabricants n'ont pas mis les noms dessus, probablement parce que, à l'époque, ça devait être évident pour tout le monde. »

LE PIRE PUB

En 1995, le Polar Bear de Soho a été nommé pire pub de Londres par le magazine télé *Time Out*. Le chiffre d'affaires a immédiatement grimpé de soixante pour cent. Le temps qu'ils installent un panneau à l'extérieur indiquant « Le pire pub du West End », on ne pouvait déjà plus rentrer.

L'article décrivait l'ambiance unique de l'établissement et soulignait non seulement ses neuf écrans de télévision allumés en permanence et son grand nombre de flippers, mais aussi le fait que toutes les lunettes des toilettes des dames s'étaient détachées. Le thème général du décor était décrit comme une « jungle », ce qui explique les singes gonflables, les serpents et les feuillages en plastique.

« Ce pub est dégoûtant », disait un bookmaker irlandais de trente et un ans appelé Alan en éteignant sa cigarette sur la moquette. « La moquette pue, le comptoir a besoin d'un bon coup de torchon, la déco est merdique et c'est très cher. Mais l'ambiance est bonne. C'est plein d'abrutis qui veulent juste se bourrer la gueule. »

Les gens de chez Bass Taverns, groupe propriétaire du pub, étaient ravis. « Nous avions prévu une rénovation complète, mais nous allons devoir y réfléchir », a déclaré leur porte-parole.

LE PIRE APRÈS-RASAGE

Le meilleur parfum masculin, pour les gens qui partagent nos goûts, n'est autre que l'exquis Ieuan N° 14. En 1995, une ambitieuse marque de parfum a décidé de lancer une nouvelle gamme d'après-rasage. On lui a audacieusement donné le nom du rugbyman gallois Ieuan Evans, ailier international. L'after-shave a été retiré de la vente alors que seulement trente bouteilles avaient été vendues parce que les femmes ne voulaient pas que leurs hommes sentent le joueur de rugby.

Il s'agit donc de la fragrance la plus rare au monde, car seules trente personnes sur terre l'ont portée, et il est très difficile de s'en procurer. « J'ai encore quelques bouteilles de cette chose », a écrit Mr Evans dans ses Mémoires, alors vous pourrez peut-être en obtenir auprès de lui.

LE PLAN MARKETING LE MOINS EFFICACE

Dans la catégorie marketing, le grand vainqueur est l'imbattable promotion Hoover de 1992. Souhaitant écouler un gros stock, la marque d'aspirateurs a offert deux billets d'avion pour n'importe quelle destination en Europe à chaque client qui dépensait cent livres en produits Hoover.

Ils ont été submergés lorsque les gens se sont rendu compte que le cadeau valait bien plus que l'achat. Dans un moment de génie absolu, l'entreprise a supprimé toutes les contraintes et proposé également des vols vers les États-Unis. Ils ont même mis en place un spot publicitaire qui finissait par ces mots : « Deux billets aller-retour : incroyable ! »

Avec ce qu'on pourrait appeler « le cadeau publicitaire susceptible de mettre fin à tous les cadeaux publicitaires », ils ont fourni des billets à 220 000 personnes et ont même affrété leurs propres avions pour satisfaire la demande. Contenter tant de monde leur a coûté 48 millions de livres : une générosité qui change la vie à l'âge du plus pur égoïsme commercial.

LA PIRE COMMANDE À UN TRAVAILLEUR INDÉPENDANT

Très impressionné par le travail métallurgique de Jeff Dodd, un homme d'affaires égyptien a demandé à celui-ci de construire cinquante chars pour une importante foire professionnelle à Alexandrie en 1989. Mr Dodd a immédiatement accepté la proposition et s'est rendu en Égypte.

La commande devait être livrée en un mois, mais la main-d'œuvre a mis dix jours à arriver. Lorsque les quarante ouvriers ont fini par se présenter, il est apparu qu'ils étaient tous très sympathiques et pleins de bonne volonté, mais qu'aucun d'entre eux n'avait déjà travaillé le métal ni ne parlait anglais.

Il est devenu assez évident que les cinquante chars ne verraient jamais le jour, et la commande est passée à quatre, dont un couvert de fleurs pour la compagnie EgyptAir. Plus tard, les fleurs ont été annulées. Quand on a compris que construire les quatre chars serait également impossible, parce que le métal arrivait au compte-gouttes en charrettes à cheval, la parade a été reportée à la foire suivante.

EgyptAir a gentiment déclaré qu'ils voulaient toujours leur char pour célébrer la livraison de nouveaux avions lors d'un grand événement publicitaire au Caire. Cela impliquait d'acheminer le char d'Alexandrie. Celui-ci, construit sur un camion Chevrolet, mesurait déjà quinze mètres de long et quatre de large, mais il fallait monter le tout sur un camion plus grand pour le transporter. Selon Mr Dodd, le chauffeur « a laissé derrière lui une traînée de branches d'arbres, de verdure et de lignes téléphoniques » avant de racler une passerelle et d'abîmer la cargaison.

Lorsqu'ils sont arrivés au Caire, l'atelier qu'on leur avait promis pour finir le char s'est révélé être une cour de ferme. La tente dans laquelle ils devaient travailler n'était pas encore montée. « Le char était endommagé, il n'y avait pas de tente et le sol était jonché de moustiques et de puces », a raconté Mr Dodd.

Le projet consistait à faire défiler l'engin terminé pendant dix jours sur mille kilomètres entre Le Caire et Port-Saïd, pour rejoindre le rallye automobile international d'Égypte. Mr Dodd avait travaillé sans arrêt pendant trente-six heures avant la parade quand on a découvert que le président Moubarak faisait un tour du pays et que tous les effectifs des services publics étaient réduits. « En fin de compte, la parade n'a pas eu lieu, donc ils ont dû reprendre le camion. Autant que je sache, le char est toujours sous la tente. »

De retour dans sa ville natale de Spalding, Mr Dodd a dit qu'il n'aurait raté cette expérience pour rien au monde.

LE PIRE NOM DE RESTAURANT

Il a fallu que le consul général d'Allemagne suggère personnellement « quelque chose de moins controversé » pour que Punit Shablok, un homme d'affaires de Bombay, reconnaisse qu'il avait peut-être fait une erreur en appelant son nouveau restaurant La Croix d'Hitler. Admettant qu'il ne connaissait pas grand-chose à l'histoire occidentale, il a été surpris d'apprendre que le nom faisait référence à une médaille offerte par le Fürher aux mères de famille nombreuse allemandes.

Le 18 août 2006, le Tout-Bombay — y compris des stars de cinéma et le maire — est arrivé pour l'inauguration et a découvert près de la porte un portrait d'Hitler s'adressant au congrès de Nuremberg. Mr Shablok avait acheté un grand nombre de drapeaux ornés de croix gammées pour les accrocher à l'intérieur, à côté d'affiches de propagande nazie. Le menu comportait également des svastikas.

Déconcerté par le scandale, Mr Shablok a affirmé qu'il voulait un nom avec une authentique consonance européenne pour se démarquer dans le rude milieu de la restauration. Il espérait ouvrir deux nouvelles adresses à Bombay avant le mois d'octobre.

LA PIRE OFFRE PROMOTIONNELLE

Dans la plupart des sports, les athlètes font tout le travail physique et les spectateurs restent trop longtemps assis par rapport à ce qui est recommandé pour le système cardio-vasculaire. Cependant, le match de base-ball entre les Texas Rangers et les Cleveland Indians a donné un bien meilleur exemple.

Voulant attirer un public nombreux à ce match de juin 1974, l'équipe de Cleveland a proposé autant de bière que possible à seulement dix cents le verre. Au lieu des huit mille supporters habituels, 25 134 fans au total sont arrivés au stade municipal de Cleveland, nombre d'entre eux déjà éméchés. Ils sont rapidement tombés de leurs sièges.

Dans une ambiance de carnaval, les Rangers menaient 5-1 lorsqu'une femme robuste est entrée sur le terrain, a exhibé son opulente poitrine sous un tonnerre d'applaudissements et a essayé d'embrasser l'arbitre, Nestor Chylak, qui ne se sentait pas d'humeur romantique.

Cette subtile spectatrice a rapidement inspiré tout le monde. Un homme nu s'est mis à sprinter jusqu'à la deuxième base et, alors que les agents de sécurité partaient à sa poursuite, un père et son fils en ont profité pour courir en montrant leurs fesses au public.

L'intérêt pour la partie a atteint son paroxysme quand le joueur des Rangers Mike Hargrove s'est fait bombarder de hot-dogs. Les choses se sont envenimées lors de la neuvième manche, lorsqu'un supporter a essayé de voler la casquette de Jeff Burroughs, le joueur de champ extérieur de l'équipe texane. En voulant faire face à ce fan, Mr Burroughs a glissé. Le manager des Rangers a cru qu'on l'attaquait et a chargé sur le terrain, suivi de ses joueurs armés de battes.

À ce moment-là, la retransmission télévisée en direct a été suspendue et la radio locale a couvert la bagarre à la place. De nombreux fans ont envahi le terrain, certains munis de leur siège, et une pluie de bière s'est mise à tomber des gradins. Le manager des Indians, Ken Aspromonte, a ordonné à ses joueurs d'attraper leurs battes et de défendre leurs adversaires contre la foule.

Le pugilat s'est répandu sur tout le terrain et la pluie de bière a laissé place à des rafales de gobelets, de balles de golf, de cartons de pop-corn, de hot-dogs, de cheeseburgers, de chaises pliantes et de tout ce qui n'était pas riveté au sol.

Dégoûté de la violence et de la nudité, l'arbitre a accordé la victoire aux Texans par forfait et plus tard qualifié les fans de « bêtes incontrôlables », précisant qu'il n'avait jamais vu une chose pareille « à part dans un zoo ».

On a appelé la brigade antiémeute pour restaurer l'ordre tandis que les joueurs, qui pouvaient enfin faire de l'exercice, couraient aux abris.

LE PIRE INDICATEUR D'HORAIRES DE TRAINS

Toujours en quête de perfection, le *Great Britain Railway Passenger Timetable* de 1995 était un modèle unique en son genre. Grâce à la privatisation, une entreprise du nom de Railtrack a récupéré les rênes de cette publication, et ils ont démarré sur les chapeaux de roues : les deux mille cent pages de l'ouvrage comportaient tellement d'erreurs qu'il a fallu un supplément de cinquante-sept pages pour les corriger toutes.

Pour les connaisseurs, la première version était déjà une fine réalisation, mais le supplément en lui-même représentait un travail bien plus impressionnant. Bourrées de fautes, ces cinquante-sept pages ont nécessité un deuxième supplément qui a atteint le nombre de deux cent quarante-six pages.

Voilà qui était déjà prodigieux, mais l'excitation a réellement commencé à monter lorsqu'un porte-parole de chez Railtrack a dit que le deuxième supplément était lui-même criblé de fautes. Il n'y en avait peut-être pas autant que dans les précédentes éditions, mais cette fois-ci les erreurs étaient plus importantes que dans le premier supplément ou la version originale.

Phil Wilkes, un représentant de l'association des usagers, a signalé : « Des trains apparaissaient sur une page et disparaissaient avant d'atteindre leur destination. » En matière d'horaires de trains, la touche de mystère était vraiment révolutionnaire.

Pour vous donner une idée du rapport quantité-prix, Mr Wilkes a affirmé que, s'ils avaient sorti un troisième supplément, « il aurait fallu un cabas pour l'emporter ».

Barry Doe, expert en horaires de trains, a dit : « Je possède des indicateurs qui remontent aux années cinquante, et c'est de loin le pire que j'aie jamais vu. » La seule chose vraiment triste dans cette histoire, c'est que les quatre-vingt mille copies de ce chef-d'œuvre ont été mises au pilon avant que la postérité ne puisse s'en saisir.

LA RÉUNION DU CONSEIL LA MOINS UTILE

L'événement majeur dans l'histoire de la politique locale a été la réunion du comité des loisirs du conseil municipal de Bude-Stratton en décembre 1987, ouverte et suspendue sans que le moindre sujet au programme n'ait été abordé. « Je n'ai jamais rien vu de tel en trente ans passés au conseil », a déclaré Mr Paul Laxton.

En signe de protestation, il a écrit une lettre de démission à l'attention du président du conseil dans laquelle il raconte que, bien que l'ordre du jour ait été plein de sujets en rapport avec l'organisation des loisirs à Bude, on a dû les mettre de côté lorsque le conseiller Dick Willoughby est arrivé avec son terrier de compagnie, Chamois.

Invité à le laisser à l'extérieur avec le chien d'un autre membre, Mr Willoughby a fermement refusé, déclenchant une discussion houleuse sur les droits fondamentaux de Chamois. Le conseiller Laxton a envisagé qu'on ajoute une motion concernant les chiens au conseil, mais il trouvait que c'était un vrai gâchis de papier.

Au sujet de ce charmant comité, dont n'importe lequel d'entre nous rêverait de faire partie, il a dit : « J'en suis arrivé à la conclusion qu'ils ne perçoivent pas la différence entre faire les choses bien et les faire mal. »

4

MONTRER L'EXEMPLE

« Même si nous essayons toujours de viser la perfection, le résultat net de nos efforts forme une variété incroyable d'imperfections. Nous sommes surpris par notre propre capacité à savoir échouer de tant de manières différentes. »

SAMUEL MCCHORD CROTHERS,
ministre et essayiste

LA POLITIQUE

UN CHEF DE PARTI FAIT POUR NOUS

Lord Pearson de Rannoch est devenu l'homme politique le plus important du monde lorsqu'en août 2010 il s'est retiré de la présidence du UK Independance Party (UKIP) parce que le parti « méritait mieux ».

Les politiciens ne sont pas réputés reconnaître leurs erreurs ni leurs propres défauts, et lord Pearson est entré dans l'histoire à l'aide d'une seule phrase : « J'ai appris que je n'étais pas très doué pour la politique. »

En homme érudit, il a apporté une bouffée d'air frais à la campagne des élections législatives, surtout quand, interviewé à la télévision par Jon Sopel au mois d'avril précédent, il a essayé de se remémorer des éléments du programme du UKIP. Le grand homme n'arrivait pas, par exemple, à expliquer la partie concernant l'emploi de policiers à la retraite comme surveillants dans les quartiers résidentiels, les parkings, les ascenseurs, et ainsi de suite :

« Vous avez demandé aux policiers à la retraite s'ils voulaient le faire ?

— J'imagine que nous avons eu quelques conversations.

— Vous n'en êtes pas sûr ?

— Je n'ai pas eu personnellement de conversations avec des agents à la retraite. Je dois admettre que je n'ai pas...

— Avez-vous lu votre programme ?

— Bien sûr.

— Vraiment ?

— Oui.

— Vous ne semblez pas bien le connaître.

— Je ne m'en souviens pas en détail. Je ne suis pas venu pour parler de ce genre de choses.

— Vous n'êtes pas venu pour parler de votre programme ?

— Si, mais pas au point de savoir si j'ai parlé à des policiers sur un parking. »

Après avoir démissionné, lord Pearson a dit : « Il faut que je passe plus de temps à m'occuper de mes propres intérêts. » Très bonne idée.

LA MOINS BONNE QUESTION AU PARLEMENT

Au Parlement néo-zélandais, une règle stipule que, à l'heure des questions, les députés doivent poser la leur dans les termes exacts qui figurent sur l'ordre du jour officiel, ce qui constitue une infraction grotesque à la liberté d'expression. De médiocres politiciens, ennuyeux et dépourvus d'esprit, y arrivent en général au cours des trois essais qui leur sont impartis, mais le député Alec Neale a montré ce qu'il était possible de faire avec une simple question concernant les dégâts causés par les lapins sur l'île du Sud.

Selon l'ordre du jour, en février 1991, il devait demander au ministre s'il avait « reçu des rapports concernant les problèmes écologiques et environnementaux imputables aux lapins dans le centre de l'île du Sud ; si oui, que disent-ils ? ».

Mr Neale a démarré doucement en insérant le mot « désastres » avant « environnementaux », mais il n'était pas encore chaud et on lui a demandé de recommencer. Alors, sur un éclair de génie, il a lu tous les mots correctement, mais dans le mauvais ordre, ce qui lui a valu des cris d'admiration dans l'assistance. Était-il capable de réussir le triplé ? Eh bien oui. Avec une habile subtilité, le mot « imputables » s'est transformé en « imputés » et le Parlement a explosé.

Le président de l'assemblée s'est levé pour la troisième et dernière fois afin de suggérer qu'on passe à la question suivante. Heureusement, le chef de l'opposition, Michael Moore, avait senti que notre homme était en pleine forme et pouvait atteindre des sommets, et il a demandé qu'on laisse parler Mr Neale.

Bénéficiant d'un dernier essai, il n'a pas déçu son public ; il avait gardé le plus gros de son talent pour la fin. Il s'est levé, a décidé qu'il devait s'assurer de réussir, et dans un final hilarant il s'est mis à lire également la ponctuation. Arrivé au point-virgule, il a dit « point final » et le Parlement a éclaté en commentaires élogieux, tandis qu'on abandonnait la question.

Dans son discours de clôture, l'ancien Premier ministre David Lange a déclaré que, le temps que ce grand député se remette en selle, six millions de lapins étaient nés.

LE MOINS BON PREMIER MINISTRE BRITANNIQUE

William Pulteney, premier comte de Bath, a battu à plate couture tous les autres Premiers ministres britanniques de l'histoire : il a occupé le poste le plus important du pays pendant deux jours. Les historiens l'appellent « le ministre éphémère », ce qui sonne plutôt bien.

Invité à former un gouvernement le 10 février 1746, il a été incapable de recruter plus d'une personne. Il a renoncé au bout de quarante-huit heures, cinquante-deux minutes et onze secondes.

Un satiriste de l'époque a reconnu le succès total de son court mandat en écrivant qu'« il n'a jamais pris la moindre décision imprudente et, chose encore plus merveilleuse, il a laissé autant d'argent dans les caisses de l'État qu'il en avait trouvé en arrivant ».

LA PIRE ÉLECTION

Au cours de l'élection décisive du conseil de 1994 dans la circonscription de Barton, dans le West Oxfordshire, personne n'a voté, personne ne s'est présenté, et il n'y avait même pas de bureaux de vote.

Partout ailleurs dans le pays, les hommes politiques faisaient des promesses qu'ils ne pourraient pas tenir et les encartés de partis divers embêtaient les gens chez eux à coup de brochures ambitieuses, mais Barton n'a pas connu un tel dérangement. Il n'y a eu aucune dispute, aucun affrontement de personnalités politiques et aucun débat sur les programmes.

À part la question de l'emplacement du panneau d'affichage de Middle Barton, personne n'arrivait à trouver le moindre problème local.

« On comprend pourquoi les gens n'en venaient pas aux mains pour se présenter », a expliqué Eric Bennett, activiste libéral-démocrate de la commune voisine de Chipping Norton.

LE PIRE MANIFESTE SUR L'ÉDUCATION

En avril 1994, les conservateurs du conseil municipal de Derby ont rédigé un manifeste sur l'éducation intitulé *C'est une question de niveau*. Devenu collector, le texte de trois pages contenait dix-neuf fautes d'orthographe, de grammaire et de ponctuation. « J'en assume la responsabilité », a dit le conseiller Martin du Sautoy, qui savourait sa gloire.

LE PIRE USAGE DE L'ANGLAIS TEL QU'ON LE PARLE

Pourvu du don de massacrer la langue anglaise, Joseph « Erap » Estrada, vice-président des Philippines, trouvait toujours le mauvais mot à chaque occasion. Lors d'une interview télévisée, comme on lui demandait s'il avait été asthmatique dans sa jeunesse, il a répondu avec colère : « Ce n'est pas vrai ! J'ai toujours été catholique. »

Il remerciait souvent le public qui lui faisait des « ovulations debout » et, vexé par les gens qui critiquaient son anglais, il a menacé de ne plus s'exprimer qu'en tagalog : « À partir de maintenant, je ne parlerai qu'en langue binoculaire. »

Complimenté de ce qu'il retenait le nom des gens, il

a expliqué qu'il avait « une mémoire pornographique ». Quand on lui a demandé pourquoi il se rendait souvent dans le même restaurant, il a répondu : « J'aime beaucoup l'ambulance. »

En 1994, un de ses anciens camarades de classe a publié un livre satirique illustré intitulé *ERAPisme : Comment parler anglais sans même essayer*, dans lequel il compilait les meilleures expressions du grand homme. Il s'agit de la seule œuvre satirique à avoir rendu sa victime si populaire que celle-ci a ordonné qu'on le distribue avec son programme de campagne présidentielle.

LES CANDIDATS LES MOINS VIVANTS

En juin 2008, le village roumain de Voinesti a réélu son maire décédé, Neculai Ivascu, à trente-sept voix près, le préférant à son concurrent vivant. « Ce n'est pas le moment de changer », a expliqué un électeur à la télévision roumaine. Ce n'était pas la première fois qu'une telle chose se produisait, ni la dernière.

En novembre 2000, Mel Carnahan fut le premier mort élu au Sénat américain. Il a remporté l'élection dans le Missouri après une campagne au cours de laquelle ses partisans utilisaient le slogan : « Je suis toujours avec Mel. »

Le Missouri a été une nouvelle fois à l'honneur en 2009, quand la ville de Winfield a réélu le maire sortant, Harry

Stonebraker, quatre mois après sa mort. Jamais victoire n'avait été aussi écrasante : Stonebraker a remporté quatre-vingt-dix pour cent des voix, évinçant facilement Alderman Bernie Panther. « Sa mort semblait n'avoir fait qu'augmenter sa popularité », écrivait le *New York Daily News*.

Au mois d'octobre de la même année, la mode était lancée, et les électeurs du comté de Washington en Pennsylvanie n'ont eu que l'embarras du choix puisque trois candidats morts figuraient sur les listes. En 2010, on a trouvé parfaitement normal que la ville de Tracy City élise feu Carl Geary. Sa veuve, Susan, a révélé que son élection « ne la surprenait pas du tout. Le jour de sa mort, des tas de gens ont appelé pour dire : "On votera quand même pour lui" ».

La réélection post-mortem de Jenny Oropeza — qui a facilement battu son rival républicain — au sénat de l'État de Californie en 2010 n'a choqué personne.

En ce qui concerne l'égalité raciale, il est important de noter qu'en 1964 la pionnière politique Patsy Takemoto Mink était la première femme de couleur élue à la Chambre des représentants aux États-Unis. En novembre 2002, elle est devenue la première femme de couleur décédée à accéder à ce poste, quelques semaines après ses funérailles nationales.

Tout cet enchaînement forme ce que les commentateurs appellent une tendance.

LA PLUS MAUVAISE PLAISANTERIE

Pour faire une blague, Jacob Haugaard s'est présenté aux élections législatives danoises de 1994. Son programme proposait de la bière gratuite, de meilleurs cadeaux de Noël, plus de meubles Renaissance chez Ikea, du Nutella dans toutes les rations militaires, des feux verts perpétuels, l'introduction de plusieurs baleines à Randers Fjord, le droit à l'impuissance, un vent arrière sur toutes les pistes cyclables et le reclassement des gens dépourvu de sens de l'humour comme handicapés. Pour soutenir sa candidature, il a écrit un livre intitulé *Si le travail c'est la santé, refilez le boulot aux malades*.

Cependant le gag s'est retourné contre lui, car il a non seulement été élu avec pas moins de 23 253 voix, mais une de ses propositions a également été ratifiée : le Nutella dans les rations.

Après une première visite officielle à la reine Margrethe au palais d'Amalienborg, le nouveau député d'Aarhus, stupéfait, a commenté : « Ce n'était qu'une plaisanterie, franchement. J'imagine que les gens m'ont élu parce que mes promesses étaient aussi dignes de confiance que celles des partis plus conventionnels. »

Plus tôt dans sa vie, Mr Haugaard avait joué dans un groupe punk parodique surtout connu pour sa chanson « Ma souris n'a pas de toilettes ». Il a décidé de ne pas se présenter une seconde fois. Il est le seul Danois non ministre à avoir son portrait accroché au Parlement.

L'ESPRIT MILITAIRE

LA PIRE ARME ANTIAÉRIENNE

Le nouveau char antiaérien M247 DIVAD de l'armée américaine a montré un énorme potentiel durant ses premiers tests puisque ses radars étaient incapables de faire la différence entre un arbre et un hélicoptère. Spécialement équipé d'une superbe tourelle de vingt tonnes trop lente pour suivre des cibles rapides, il rencontrait de sérieux problèmes par temps froid et était victime de nombreuses fuites hydrauliques.

Jusque-là tout allait bien, mais les choses se sont encore améliorées en février 1982 lors de la démonstration du prototype commandé par ordinateur devant des gradés et des membres du Congrès. Une fois activé, l'appareil a immédiatement visé la tribune des VIP, causant quelques blessures légères à ses occupants qui ont bondi à l'abri. Au cours de la démonstration, il n'a touché aucune des cibles prévues, mais il a bel et bien laissé un cratère de trois cents mètres dans le sol.

Un porte-parole du fabricant a affirmé que ces problèmes venaient du fait que le char avait été lavé pour l'occasion. Il n'avait aucune explication au fait qu'il avait confondu un ventilateur de toilettes avec une cible mouvante et l'avait réduit en miettes.

Désireux de mettre en fabrication cette arme essentielle dès que possible, et on le comprend, le secrétaire d'État à la Défense Caspar Weinberger a ordonné une série de tests en conditions de combat d'une valeur de 54 millions de dollars en 1984. Ces tests étaient très spéciaux, même selon les standards prestigieux du DIVAD.

Incapable de toucher des drones qui avançaient en ligne droite, le DIVAD a reçu un petit coup de pouce supplémentaire, mais il n'arrivait pas à fixer ses cibles même quand elles planaient sans bouger au-dessus de lui. Les testeurs ont commencé à ajouter des réflecteurs radar sur les drones pour les rendre plus faciles à repérer. Le magazine *Atlantic Monthly* a écrit que « c'était comme essayer de prouver les capacités d'un limier en lui demandant de trouver un homme seul couvert de steaks au milieu d'un parking vide ».

Le projet a été annulé en 1985 et la plupart des prototypes ont fini comme cibles bien visibles sur des champs de tir de l'armée de l'air.

LE BÂTIMENT DE GUERRE INSUBMERSIBLE LE MOINS EFFICACE

Acclamé comme le premier bateau de guerre insubmersible du monde en 1863, l'USS *Keokuk* avait la forme d'un sous-marin et appartenait à la classe des monitors. On pensait que les obus qui le visaient rebondiraient sur ses flancs incurvés. « S'ils peuvent le rendre opérationnel dans cent vingt jours, il pourra nettoyer toutes les unités défensives du Sud », écrivait le capitaine Alexandre C. Rhind, son commandant durant la guerre de Sécession.

Lors de sa première et dernière bataille, il n'a tiré que trois obus mais a été touché en retour quatre-vingt-dix fois, dont dix-neuf au niveau de la ligne de flottaison ou en dessous. « Percé comme une passoire », d'après la description du capitaine Rhind, il a coulé en eaux peu profondes et seule sa cheminée criblée de balles dépassait des flots.

LA COMMÉMORATION LA PLUS CHAOTIQUE

Le 6 janvier 1994, la paix régnait en Europe, jusqu'à ce qu'on annonce un projet de commémoration du cinquantième anniversaire du débarquement.

Après seulement quarante-huit heures, Dame Vera Lynn,

la « fiancée de l'armée », a annoncé qu'elle était très contrariée de n'avoir pas été invitée. Le ministre de la Défense français a fait paraître une carte de la Normandie ainsi qu'un programme des festivités sur lesquels les plages du débarquement et les champs de bataille n'étaient pas marqués à la bonne place. Ensuite, le projet d'organiser la cérémonie sur le célèbre pont de Bénouville, « Pegasus Bridge », est tombé à l'eau quand on s'est aperçu que les Français l'avaient détruit dans le but de le moderniser.

L'événement a pris une tournure inattendue lorsque la seule femme pilote de Spitfire de Grande-Bretagne, Carolyn Grace, a convaincu la Royal Air Force de la laisser voler au-dessus de la cérémonie dans un très vieux Spitfire avec son pilote original, le lieutenant Johnnie Houlton, sur le siège passager. Selon Mrs Grace, cela aurait rendu un hommage approprié à son mari décédé, Nick, qui avait réparé l'avion pendant son temps libre.

La RAF a soumis l'idée aux Français, qui n'ont pas été enthousiasmés à l'idée de voir voler au-dessus de leur tête une femme au foyer australienne de quarante-deux ans domiciliée dans l'Essex et son vieux passager. En outre, le trafic aérien entre Paris et la Normandie a été interrompu pour des raisons de sécurité.

Des fermiers français ont menacé de bloquer avec leurs tracteurs la N13 entre Cherbourg et Caen — la route principale vers les plages du « D-Day » —, en protestation contre les grosses exploitations laitières qui baissaient de quatre centimes le prix du lait qu'elles leur achetaient. Puis les troupes britanniques ont organisé un saut en parachute commémoratif en Normandie, et ont reçu une facture de 5 000 livres pour les dommages qu'elles avaient causés aux cultures.

Pendant ce temps en Grande-Bretagne, Dame Vera et les autres vétérans menaçaient de boycotter les célébrations gouvernementales parce qu'elles s'annonçaient trop légères et impliquaient des concours du plus gros mangeur de jambon frit.

Les amateurs de pagaille suivaient tout cela avec une admiration grandissante, et le général de brigade Tom Longland a déclaré que l'organisation de la commémoration avait été « plus difficile encore que le débarquement lui-même ».

LA PIRE FLAMME ÉTERNELLE

La flamme éternelle du cimetière de Kaliningrad, en Russie, a été allumée en grande pompe à la fin de la Seconde Guerre mondiale, en hommage aux soldats tombés au combat. On l'a éteinte en avril 1993 pour économiser le gaz.

LA PIRE MUSIQUE DE PUBLICITÉ

La Légion royale canadienne, organisation créée pour les soldats de la Seconde Guerre mondiale, était extrêmement satisfaite de la publicité radiophonique pour sa tombola de l'année 2005. Elle fut cependant retirée des ondes dès le premier jour de sa diffusion, car on s'est aperçu que la musique de fond qu'ils avaient choisie n'était autre que l'hymne du parti nazi.

Intitulé *Horst-Wessel-Lied*, le morceau comporte les tambours battants et les cuivres tonitruants typiques des marches militaires. Il exprime le désir de voir « les rues libres pour les Sturmtruppen » et contient la phrase : « Des millions de gens, pleins d'espoir, regardent le swastika. » Une annotation sur la partition de 1934 stipule bien que le bras droit doit être levé en un salut hitlérien au moment de chanter le premier et le quatrième couplets.

« Ça sonne bien », a dit Harvey Shevalier, vétéran des missions du maintien de la paix et premier vice-président de la Légion en Alberta et dans les Territoires du Nord-Ouest. « Mais ce n'était pas le genre de musique approprié. C'est pour ça qu'ils l'ont retirée. Ça n'aurait jamais dû arriver. »

Le morceau avait été jugé adéquat par le comité de la Légion en charge de la tombola. Laurel Harril, un cadre de l'entreprise de marketing à laquelle ils avaient fait appel, a expliqué que la chanson provenait d'une cassette de marches militaires lambda sur laquelle les titres n'étaient pas marqués.

5

LA CONTRIBUTION INTELLECTUELLE

« Nous avons tous échoué à atteindre nos rêves de perfection. Je nous juge donc à l'aune de notre admirable échec à réaliser l'impossible. »

WILLIAM FAULKNER

LA THÈSE PHILOSOPHIQUE LA MOINS CONVAINCANTE

Connu comme « le plus grand philosophe français vivant », Bernard-Henri Lévy a repoussé les limites de la liberté de pensée en 2010 en publiant un livre formidable dans lequel il qualifiait Emmanuel Kant d'« imposteur ». Développant sa thèse au-delà du raisonnable, il citait dans son livre l'ouvrage immortel du penseur méconnu Jean-Baptiste Botul, *La Vie sexuelle d'Emmanuel Kant*, qui arrivait exactement à la même conclusion.

En plein milieu de sa tournée littéraire triomphale, BHL continuait à chanter les louanges du botulisme et de sa théorie principale (« la métaphysique du mou ») lorsqu'un monsieur Je-sais-tout à fait remarquer que Botul était un astucieux canular monté de toutes pièces en 1995 par un journaliste. L'entrée de Wikipédia qui lui est dédiée le décrit même comme « un philosophe fictif ».

Le fait de savoir dans quelle mesure Botul (ou n'importe lequel d'entre nous) existe réellement constitue une grande question philosophique, et BHL a balayé les critiques avec l'audacieuse indifférence d'un libre penseur. « C'est le rôle du philosophe de faire des remarques pertinentes », aurait-il assez justement déclaré.

LA CONFÉRENCE LA MOINS RÉUSSIE

Au cours du dix-septième festival annuel de littérature de Richmond, en novembre 2008, le professeur A.C. Grayling du Birbeck College de Londres était censé donner une conférence sur le devoir. Il a oublié de venir.

LE SUJET LE MOINS POÉTIQUE I

Solyman Brown a été le premier dentiste poète de la langue anglaise. Son œuvre épique en cinq chants, *La Dentologie — poème sur les maladies de dents* (1833), est l'un des rares poèmes toutes langues confondues à inclure une annexe utile qui recense pas moins de trois cents dentistes certifiés aux États-Unis.

Son poème aurait pu être écrit en prose en trois fois moins de temps, mais Mr Brown a tenu à faire l'effort.

Cette œuvre est rendue encore plus vivante par les notes de bas de page qui donnent de précieux conseils sur l'hygiène dentaire, spécialement compilés pour lui par son grand ami « Eleazar Parmly, dentiste ».

Parmi les exemples de négligence buccale à faire froid dans le dos contenus dans les cinq chants, il raconte les troubles dentaires de Serafina, qui chantait dans la chorale de son village mais a dû y renoncer à cause de ses dents gâtées. On nous demande d'imaginer que « la musique céleste par sa bouche chantée/si douce, que les abeilles au travail cessaient de butiner » a été remplacée par une série de sifflements désagréables et peut-être même un cheveu sur la langue :

Vous en demandez la cause : par pourrissement prématuré,
Deux de ses dents perlées s'en sont allées ;
Les deux dents essentielles à ces parfaits accords
Qui charment l'âme quand la musique céleste règne encore.

Mais l'espoir n'est pas perdu, et c'est là que les trois cents dentistes entrent en jeu :

… L'art dentaire
Peut facilement réparer toutes les tonalités
Et rendre la musique plus douce que par le passé.

Dans son ouvrage magistral *Le Plaisir de la mauvaise poésie*, Nicholas T. Parsons indique judicieusement que le poème est encore meilleur quand on le récite.

LE SUJET LE MOINS POÉTIQUE II

Trop peu de poètes se sont penchés sur le grisant sujet qu'est la science, mais Margaret Cavendish, duchesse de Newcastle, s'y est enlisée. Elle était toujours partante pour s'attaquer à des questions devant lesquelles tous les autres s'étaient dérobés.

Dans « La raison pour laquelle les pensées ne sont que dans nos têtes » (1653), par exemple, elle explique pourquoi nous ne pensons pas avec les autres parties de notre anatomie ; nos talons, notamment, qui semblent pourtant parfaits à bien des égards pour ce genre d'activité :

Car si le talon avait tant de cervelle
Que notre tête, notre crâne en recèlent
Alors les pensées, qui demeurent hautes dans notre cerveau
Descendraient bas, et dans le talon resteraient bien trop.

Sans montrer le moindre signe de fatigue, elle continue :

Car dans le crâne alors, l'orteil ou le genou auraient le pouvoir
S'ils avaient un nerf optique, à la fois d'entendre et de voir.
Et à la place des tendons, désireuses de se reproduire,
Des copies de vers pourraient du talon provenir.

Entre autres choses, elle explique pourquoi l'eau éteint le feu, pourquoi la mer rugit, pourquoi les brûlures font mal, d'où vient l'écho (pour celui-là, elle n'est pas complètement sûre) et comment savoir si quelque chose est liquide :

C'est un liquide s'il est humide et mouillé,
Jamais le feu ne peut avoir ces propriétés.

En matière de neurologie, elle est particulièrement savante. « Les fées dans nos cerveaux peuvent être la cause de nombreuses pensées » : même après toutes ces années, cette explication probablement exacte demeure la meilleure que nous ayons. Ses réflexions sur la cause de la salinité de la mer, en revanche, impliquaient de demander leur avis aux poissons, ce qui semble assez improbable.

Qui sait si les poissons qui peuvent dans la mer nager
Ne sauraient dire pourquoi elle est autant salée ?

Son poème « Air » de 1653 pose la question épineuse de savoir pourquoi, où qu'on regarde, on en trouve toujours une dose prête à l'emploi. Tournez la tête à gauche, il y a de l'air. Tournez la tête à droite, il y en a aussi. En haut, en bas, où que ce soit, l'air est partout. Pourquoi donc ? Bonne question. Elle en impute la responsabilité à des atomes allongés.

Dans un style plus personnel, elle a un jour composé quelques vers sur une amie qui l'avait suppliée de ne plus écrire de poésie :

Rendez service au monde, alors, ayez pitié,
Jetez tous vos écrits au feu et laissez-les brûler.

Cette suggestion scandaleuse n'a fait que la motiver. La gamme de ses poèmes s'est étendue au-delà de la science et elle a écrit une biographie de son mari, le duc, dans laquelle elle le comparait favorablement à Jules César.

Une tentative de traduire sa poésie en latin a avorté car la langue ancienne ne s'est pas montrée à la hauteur.

LE CRITIQUE LE MOINS IMPRESSIONNÉ

L'écrivain Graham Greene était au sommet de sa férocité lorsqu'il a écrit la critique d'un film appelé *Vingt et un jours ensemble*, adapté d'une courte pièce de John Galsworthy. Dans le *Spectator* en 1940, il notait : « Je n'ai rien de bon à en dire. Le brio de la composition de Mr Hay Petrie dans le rôle d'un vieux curé marginal n'arrive même pas à la cheville du goût puissant de notre bon vieux jambon cuit. »

Débordant d'un impitoyable vitriol, il déplorait que « l'adaptation ait substitué aux mérites douteux de l'original des coïncidences invraisemblables et des situations banales », ajoutant qu'il avait trouvé le film « lent, verbeux et insupportablement sentimental ». Mais à la fin de l'article, Mr Green révélait que c'était lui qui avait écrit le scénario.

L'EXPÉRIENCE THÉÂTRALE LA MOINS RÉUSSIE

L'expérimentation théâtrale a atteint de nouveaux sommets au prestigieux Schauspielhaus de Francfort, en août 2010, lors d'une mise en scène de *Moscou-sur-Vodka*, que les programmes décrivaient comme « une folle description de l'une des plus grosses cuites de la littérature russe ».

Dans cette adaptation du roman satirique de Venedikt Erofeïev — l'histoire d'un voyage en train d'une bande d'ouvriers soviétiques qui boivent comme des trous —, quatre des plus grands comédiens contemporains allemands ont décidé de « faire une petite expérience » et remplacer l'eau par de la véritable vodka. « Au début, c'était très impressionnant. Ils jouaient très bien l'ébriété », a raconté un spectateur à un journal allemand. « Puis ils se sont mis à sauter dans tous les sens en criant "Santé" en russe et ils ont fait passer les bouteilles. »

Un des acteurs n'arrivait plus à se lever. Un autre s'est mis à lire directement son script. Il l'a ensuite posé par terre et oublié où il l'avait posé jusqu'à ce qu'un autre comédien glisse dessus et tombe. « Les gens ont commencé à applaudir en pensant que ça faisait partie du spectacle », a dit le spectateur.

Cette production était meilleure que l'œuvre originale d'Erofeïev sur bien des points. La fin s'est révélée beaucoup plus dramatique : soudain, un des acteurs est tombé de la scène, et un autre d'une table sur laquelle il se tenait par hasard debout. La barrière entre l'art et la réalité a été franchie quand l'équipe est sortie des coulisses pour intervenir et appeler une ambulance. La vedette de la pièce rugissait et s'énervait tel le roi Lear dans la lande, à la différence qu'ici les secouristes appelaient la police en renfort. Il a plus tard subi un lavage d'estomac à l'hôpital universitaire de Francfort.

LA CONFÉRENCE LA MOINS EFFICACE

En mars 2001, le Public Health Laboratory Service, organisme chargé de la prévention sanitaire en Grande-Bretagne, a organisé à Colindale une conférence sur les intoxications alimentaires, notamment les maladies infectieuses liées à l'eau. Naturellement, trente des soixante-dix-huit délégués présents ont contracté une intoxication. « C'est leur déjeuner qui les a intoxiqués », a expliqué un porte-parole. « Ça aurait pu venir de l'eau. » La théorie, c'est très bien, mais rien ne remplace une expérience concrète.

LA PHRASE LA PLUS INCOMPRÉHENSIBLE

Entre 1995 et 1998, Denis Dutton a organisé le concours de la phrase la moins bien écrite. Chaque année, il s'agissait de trouver la phrase la plus incompréhensible publiée dans des livres ou journaux universitaires, choisie par Mr Dutton lui-même et son équipe éditoriale de l'érudit *Philosophy and Literature*.

Certaines phrases sont trop importantes pour être comprises, et il serait difficile de battre la gagnante de l'édition 1996, tirée de *Platon, etc. : les problèmes de la philosophie et leur solution* du professeur Roy Bashkar. À l'époque des citations courtes, où tout est simplifié, nous devrions être extrêmement reconnaissants envers ce professeur d'avoir su rester dans les hautes sphères intellectuelles :

> En effet, on peut apercevoir le réalisme dialectique et critique sous l'aspect de l'inversion stratégique foucaldienne — de la profane trinité d'origine parménidienne/platonique/aristotélicienne ; du paradigme cartésien/lockéen/huméen/kantien, des fondationnalismes (en pratique, les fondationnalismes fidéistes) et des irrationalismes (en pratique, les exercices capricieux de la volonté de puissance ou autre idéologie et/ou une source psychosomatique enfouie) anciens comme nouveaux ; de l'échec primordial de la philosophie occidentale, de la monovalence ontologique et de son proche allié le sophisme intentionnel avec sa dualité ontique, de la problématique analytique posée par Platon, dont Hegel ne

> s'est servi que pour la dupliquer dans sa réintégration analytique monovalente actualiste de la connexion dialectique transfigurative conciliante, alors qu'avec ses affirmations présomptueuses d'idéalisme absolu il inaugurait l'éclipse de la raison comtéenne, kierkegaardienne et nietzschéenne, en reproduisant les fondamentaux du positivisme à travers sa transmutation vers le superidéalisme d'un Baudrillard.

« C'est un magnifique texte en prose, et je suis certain que nombre d'entre nous vont essayer de le lire à haute voix d'une traite sans respirer, a dit Mr Dutton. Soit dit en passant, la quatrième de couverture nous indique qu'il s'agit à ce jour du livre le plus accessible de l'auteur. »

LA PIRE EXPOSITION DE PHOTOS

En avril 1994, l'Impressions Gallery de York a réussi à stimuler l'imagination du public en organisant une exposition très acclamée par la critique, fondée sur l'intérêt des spectateurs pour les mauvaises photographies. En un rien de temps, elle a rassemblé de nombreuses œuvres de première classe, parmi lesquelles une photo d'une superbe voiture où seule la plaque d'immatriculation n'est pas floue, un cliché de Noël pris par Bethany Hill, alors âgée de trois ans, sur lequel on ne voit que les pieds de son grand-père dans ses chaussons, et une image complètement noire censée représenter David Bowie en concert à Milton Keynes.

« Toutes ces photos ont suscité un fort intérêt et sont des œuvres d'art à part entière. J'ai eu droit à un vrai bombardement médiatique. Des milliers de personnes viennent pour les voir », a déclaré le directeur de la galerie, Paul Wombell.

L'œuvre de Tom Pemberton a été particulièrement appréciée. Au cours d'un voyage à Whitby, il a porté l'appareil Instamatic de sa femme à son œil, mais à l'envers. Le résultat final offre une vue délicate et joliment floue de son oreille gauche et un mince aperçu de Whitby parfaitement net derrière lui. Attirant logiquement l'attention des médias, l'oreille de Mr Pemberton a fait l'objet d'interviews jusqu'à Johannesburg et au Canada.

LA PIRE SORTIE DE L'ASSOCIATION MENSA

Décrits par le journal local comme « vingt-cinq des plus gros cerveaux de la planète », quelques membres de l'association Mensa sont allés visiter le musée des Sciences de Bristol lors de son ouverture en mars 1991. La délégation était dirigée en personne par Victor Serebriakoff, président international de Mensa, association qui regroupe des gens au QI particulièrement élevé.

Le musée se trouve juste à côté de la gare, à quelque soixante-dix mètres de la sortie principale. Aucun d'entre eux n'a réussi à le trouver.

« Ils n'arrivaient pas, alors on s'est beaucoup inquiétés. On ne peut pas le rater ! » a dit le directeur du musée, qui a envoyé une équipe à leur recherche. « On a fini par les trouver dans une petite rue adjacente, comme un troupeau de moutons égarés. »

LE TITRE DE LIVRE LE PLUS IMPROBABLE

Aujourd'hui dans sa trente-deuxième édition triomphale, le *Bookseller*/Diagram Prize récompense chaque année le livre au titre le plus étrange. Tout a commencé en beauté en 1978 avec *Compte rendu du deuxième atelier international sur les souris nude* et s'est emballé avec *Théorie du laminage longitudinal* en 1983.

Parmi les meilleurs titres on trouvait également *Les Facteurs ruraux grecs et leur disparition* et *Les Mauvaises Herbes dans un monde qui change*. En 2004, *Blindez votre maison* a pu paraître trop intéressant aux yeux de certains, mais la compétition est repartie avec *Les Caddies abandonnés dans l'est de l'Amérique du Nord : guide d'identification de terrain* et *Aventures au crochet avec plans hyperboliques*.

Le vainqueur de 2008, intitulé *Perspective mondiale des récipients de fromage frais de soixante milligrammes, 2009-2014*, a suscité la controverse puisqu'il n'a pas été écrit par l'auteur indiqué, Philip M. Parker, mais par une machine de son invention.

En 1987 et 1991, le prix n'a pas été attribué, les propositions n'ayant pas été jugées suffisamment bizarres.

LA MOINS BONNE DÉCOUVERTE SCIENTIFIQUE

À la suite d'un programme de recherche approfondie chargé de tester la nature glissante des peaux de banane à différents stades de pourrissement, Chris McDonnell a conclu que le fruit n'était pas dangereux et que l'idée qu'on puisse glisser dessus n'était qu'un mythe « qu'on trouve uniquement dans les BD et les dessins animés ».

Il n'est pas vraiment nécessaire de préciser qu'en avril 2004, alors qu'il se précipitait vers l'entrée d'un magasin au cours d'une session shopping dans sa ville natale de Canterbury, Mr McDonnell a dû reconsidérer le résultat de ses recherches au vu d'un nouvel élément puisqu'il a dérapé sur une peau de banane, perdu l'équilibre, est tombé et s'est sévèrement ramassé sur le trottoir. « Mes conclusions initiales ont été chamboulées », a-t-il affirmé.

LE PIRE CHOIX DE CONFÉRENCIER PRINCIPAL

En janvier 1996, le British Council a organisé un séminaire intitulé « Comment préserver la démocratie ? ». Le conférencier principal, le général de brigade Julius Maada Bio, de la Sierra Leone, n'a cependant pas pu s'y rendre, car il venait de renverser le gouvernement de son pays par un coup d'État et son premier décret a été la suppression des élections à venir.

LA PIRE SCÈNE DE SEXE DANS UN ROMAN

Fondé en 1993 pour récompenser la scène de sexe la moins bien écrite de l'année, le Bad Sex Award a su conserver des standards élevés. Le romancier Ian McEwan a déclaré qu'il s'agissait du prix le plus convoité en matière de littérature anglaise.

En 2000, un Sean Thomas particulièrement chaud a tenté de surpasser John Updike avec une scène de coït impliquant une jeune fille spécialement courtaude :

> C'est le moment, le moment… Maintenant. Oui. Elle est si petite et compacte, et pourtant elle a tout ce qu'il faut… Te comparerai-je à un Walkman Sony, tu es plus compacte et plus… Elle est sa Toshiba, sa petite JVC, sa douce

Aiwa… Aiwa, aiwa, aiwa aiwa aiwa aiwa aiwa aiwa aiwa aiwa aiwaaaaaaaaahhhhhhhh.

« C'est un immense honneur et je suis très satisfait, a dit Mr Thomas. Je savais que j'avais de grandes chances de l'emporter. »

En 2004, Tom Wolfe a reçu l'approbation générale avec une phrase tirée de *Moi, Charlotte Simmons* : « Glisse glisse glisse, fit la langue, mais c'était sur la main qu'elle essayait de se concentrer, la main, puisqu'elle avait tout le terrain de son torse à explorer et pas simplement les cavernes oto-rhinolaryngologiques… »

Iain Hollingshead a gagné le prix en 2006 avec un premier roman qui a impressionné le jury avec sa description désormais classique d'un « pantalon bien rempli ». Évidemment ravi de devenir le plus jeune lauréat, il a dit : « J'espère l'avoir chaque année. »

Bien qu'il ait été créé pour des romans, le prix a connu une étrange nomination en 2010 avec un titre de non-fiction : les mémoires de Tony Blair. « J'avais besoin de l'amour que Cherie me donnait, égoïstement », écrivait-il. Le paragraphe osé, qui a fait recracher leurs céréales aux lecteurs du monde entier, continuait ainsi : « Je le dévorais pour me donner de la force, j'étais un animal suivant son instinct, sachant que j'aurais besoin de la moindre goutte de puissance émotionnelle et de ténacité pour surmonter les choses à venir. » Un passage très fin à travers lequel Mr Blair a su montrer qu'il était bien plus qu'un simple Premier ministre.

6

LE FAIRE À DROITE ET À GAUCHE

« Les gens heureux sont de véritables échecs, car ils sont en si bons termes avec eux-mêmes qu'ils n'en ont plus rien à faire. »

AGATHA CHRISTIE

EN DEHORS DU SERVICE

LE PIRE GUIDE TOURISTIQUE

Avancée décisive dans le domaine, le guide touristique officiel de Boston 1988-1989 ne localisait correctement aucun des monuments importants de la ville. Cet ouvrage indispensable plaçait la station Amtrak de Dartmouth Street sur Newbury Street et le centre commercial, bel et bien situé sur Newbury Street, dans Storrow Drive.

On y donnait le Four Seasons Hotel et le Ritz Carlton à trois rues l'un de l'autre, et quiconque désirait trouver le Hynes Convention Center se serait embarqué dans une aventure enrichissante sur la lointaine Huntington Avenue.

Cet excellent livre, qui ne pouvait qu'encourager les visiteurs à explorer la ville dans ses moindres recoins, a été publié et vendu par l'office du tourisme. Les bureaux de celui-ci apparaissaient sur la carte à quelques pâtés de maisons de leur véritable emplacement.

On comprend donc que l'agence ait accordé une bonne

augmentation à la personne responsable. « Il est sous-payé », a expliqué Thomas Kershaw, président du comité de direction. « On ne veut pas le perdre. »

Les versions postérieures du guide n'ont jamais réussi à l'égaler, ruinées par leur précision.

LE MOINS BON DISCOURS DE GALA

Peu d'orateurs ont réussi à divertir les invités d'un dîner de gala aussi bien que l'acteur Ken McCoy, qui, en mai 1994, a endossé son costume d'Albert Crapper, le clochard bourré très populaire qu'il incarnait, pour amuser les membres du prestigieux club de golf d'Alwoodley dans le Yorkshire.

Muni de sa casquette rongée aux mites, de son écharpe et de son manteau recousu avec des bouts de ficelle, il est arrivé à la somptueuse réception, pas rasé et maquillé avec le nez violet et les joues rouges éclatantes du gros buveur. À son entrée dans le luxueux quatre-étoiles Forte Crest Hotel, il s'est immédiatement fait expulser par un serveur.

Déterminé à donner son discours, il est rentré par la fenêtre des toilettes, mais il s'est cogné la tête et s'est à nouveau retrouvé dans le hall de l'hôtel, cette fois-ci couvert de sang. Il s'est encore fait jeter dehors, mais par un golfeur costaud qui menaçait d'appeler la police.

Dans un ultime essai, il a foncé dans la salle de réception, poursuivi par plusieurs golfeurs. Il a couru vers la table des gros bonnets pour leur expliquer qui il était, mais il s'est fait plaquer au sol et tout le monde s'est assis sur lui.

« C'est bien trop dangereux », a déclaré Mr McCoy, qui a décidé d'abandonner son personnage en expliquant que la même chose lui était déjà arrivée la semaine précédente dans un club de rugby, quand l'équipe principale est venue se jeter sur lui.

UNE BOMBE QUI NOUS RESSEMBLE

En creusant près de sa maison de Cottishall dans le Norfolk en septembre 2004, David Page a déterré un morceau de métal rouillé ressemblant à un brûleur à gaz de camping. Ce n'est qu'après avoir appuyé sur le bouton situé à une extrémité qu'il s'est dit qu'il pouvait s'agir d'une bombe très dangereuse qui n'avait pas encore explosé. Il fallait faire quelque chose.

Transpirant de peur, il a appelé la police, qui lui a demandé de ne pas lâcher l'objet. Il a donc attaché la chose à sa main avec une ingéniosité incroyable afin de ne pas relâcher le bouton, semblable à un détonateur. « J'étais parfaitement terrifié à l'idée de me faire sauter en mille morceaux. L'opératrice de la police n'arrêtait pas de répéter que tout irait bien, mais je lui ai répondu : “Ce n'est pas vous qui tenez la bombe !” »

Précaution supplémentaire, il s'est enterré la main dans

le sable. « Je me suis dit : “Si ça se déclenche, avec un peu de chance je ne perdrai que mon bras.” » Quel homme !

La police est arrivée et a bouclé le secteur sur trois kilomètres avant de faire venir l'armée. « Si le pire se produit, dites à ma famille que je l'aime », a dit le courageux Mr Page à l'opératrice. Ça n'a pas été nécessaire, puisque son épouse Joanne, tout aussi courageuse, est arrivée et a insisté pour rester à ses côtés.

Il s'est avéré que la bombe n'était autre qu'une vieille pièce de Citroën. Cette information amoindrit-elle le courage de Mr Page ? Bien sûr que non. Et pourtant, il n'existe aucune médaille que la reine puisse lui donner. Peut-être que Citroën pourrait lui rendre hommage ?

LE PIRE JOUEUR DE CONKERS

En octobre 1994, lors d'une finale de championnat régional sur l'île de Wight, Martin Ashton et Mark Tuckey ont établi un nouveau record du monde en ne réussissant pas à toucher le marron de l'autre en une centaine d'essais. C'était une grande première pour les deux hommes.

Malheureusement, l'arbitre a mis un terme à ce plaisant concours alors qu'il gagnait en intensité, donc nous ne saurons jamais ce qu'aurait pu accomplir ce duo très en forme. « On trouvait qu'on s'en sortait plutôt bien », a dit Mr Ashton après coup.

LA PIRE FAÇON DE SE GARER

Avant d'aller faire ses courses de Noël, Mary Geeson a tiré le meilleur parti de son antivol de voiture sur un parking à Chesterfield. Elle a attaché une extrémité à la pédale de frein et l'autre au volant, puis elle a rallumé le moteur pour s'avancer sur une autre place devant elle.

Nous l'avons tous fait un jour, mais combien d'entre nous peuvent dire, comme Mrs Geeson, qu'ils ont foncé sur la route, qu'ils sont montés sur le trottoir d'en face, ont défoncé une haie, heurté une voiture en stationnement, enclenché la marche arrière, foncé vers l'arrière en ligne droite et envoyé valser un sauveteur potentiel tout en percutant un van qui venait de prendre la place de parking?

LE LOISIR LE PLUS ENNUYEUX

Face à une rude concurrence, dont un homme qui collectionnait différentes sortes de cônes de chantier et un autre qui passait son temps à photographier des murs en brique, un homme appelé Gordon a remporté le titre d'« Homme le plus ennuyeux de l'année » en 1994. Interviewé dans l'émission *Vanessa*, il a raconté qu'il collectionnait le papier kraft.

Au sujet d'une de ses pièces, notre spécialiste a dit : « C'est l'une de mes préférées. On n'en voit pas partout, mais si vous avez de la chance vous pourrez en trouver sur les paquets que vous recevez par la poste. » Gordon collectionne également les livres *Monsieur Madame*.

COURIR NU : MODE D'EMPLOI

Le plan était particulièrement rusé. Le 14 janvier 2004, un groupe de streakers avait prévu de se déshabiller dans leur voiture et de laisser le moteur tourner pour pouvoir s'enfuir rapidement après avoir couru à travers un restaurant Denny's ouvert 24 h/24 à Spokane dans l'État de Washington, uniquement vêtus de leurs chaussures et de leur bonnet malgré le froid glacial. C'était on ne peut plus simple. Tout était très prévisible, jusqu'au moment où ils ont aperçu par la vitre du restaurant leur Mazda 1988, dans laquelle se trouvaient leurs vêtements, se faire embarquer par un voleur de voitures qui venait de finir son petit déjeuner.

Au cours d'une scène mémorable, les streakers lui ont immédiatement couru après, mais la voiture avait disparu. Cachés sur le parking, ils se demandaient comment expliquer au mieux ce larcin à la police lorsqu'ils ont été arrêtés.

LE PIRE CONCOURS BOTANIQUE

Le seul événement horticole qui nous intéresse un minimum s'appelle le Beadnell Alternative Flower Show. Il a fleuri en Northumbrie entre 1987 et 1992. Fondé par l'innovante Jennifer Hall pour illustrer les réalités du jardinage local, il décernait des prix somptueux aux fleurs et plantes les plus moches de la région.

Pas de perfection en pot, pas de querelle ni de rivalité pour le plus gros haricot, pas d'arnaque du meilleur navet, pas de surveillance à plein temps pour éviter les tricheries et les sabotages de poireaux : à Beadnell, il n'y avait qu'un plateau ensoleillé plein de bonne volonté tout le jour durant. Le festival attirait cent cinquante visiteurs par an et Mrs Hall recevait des tas de lettres de gens qui voulaient créer des compétitions similaires à l'étranger.

« Le plus difficile était de trouver un jury non qualifié », expliquait-elle.

Les standards étaient élevés. La coupe de la meilleure mauvaise herbe a été remportée par une plante de quatre mètres cinquante de haut. Chaque année, on ajoutait de nouvelles catégories : la confiture la plus inhabituelle, les bonbons faits maison les moins tentants, et la section « Elle ne mérite même pas d'être pendue » pour la pire jardinière de fleurs.

En 1991, deux nouvelles catégories ont été créées : « Mais qu'est-ce que c'est que ce truc ? » pour les botanistes les plus aguerris et « Objet artisanal non terminé que vous auriez préféré ne jamais commencer ». Cette même année, pour la première fois, un sponsor finançait le festival, mais on a oublié de mettre son nom dans la brochure.

LA CARTE POSTALE LA PLUS ENNUYEUSE

La curiosité du monde entier a été immédiatement attisée lorsque, en 1992, le Wiend Center de Wigan a annoncé non seulement qu'il organiserait une exposition des pires cartes postales de la planète, mais aussi qu'y serait révélée la plus grande œuvre dans ce domaine. Submergés de pièces exceptionnelles venues d'aussi loin que le Brésil, la Mongolie et le Tibet, les organisateurs ont révélé que les favoris comprenaient une vue d'un ponton mal éclairé à Oulan-Bator et « Usines à gaz, Leeds, vues des toilettes sur Adington Street ».

« Nous pensons que chacun y trouvera son compte », a déclaré Brian Corrigan, responsable marketing du conseil municipal de Wigan. La gagnante était une carte montrant « un échangeur routier incroyablement ennuyeux à Redditch ». Elle a été envoyée par Liz Mc Parlin d'Aberystwyth, qui a gagné un « luxueux séjour à Wigan ». Gil Swift a couronné sa carrière de directeur des loisirs en inaugurant cette exposition, puis a pris sa retraite au sommet.

LA TENTATIVE DE RECORD DU MONDE LA PLUS CHAOTIQUE

Liam Kite, qui désirait entrer dans le *Livre Guinness des records* en jouant du cor sans interruption pendant trente-deux heures, s'est rendu sous le chapiteau spécialement monté pour l'occasion à Tower Gardens, Skegness, en août 1990. « Il nous a fallu des semaines pour tout organiser », a raconté sa mère, Marion Kite. Son fils avait commencé sa tentative de record depuis huit heures et demie lorsqu'un voisin s'est plaint du bruit.

Une policière est arrivée et a intimé à Mr Kite l'ordre de cesser de jouer immédiatement, mais sa mère l'a prise pour une strip-teaseuse à domicile et a dit à son fils de continuer. « Ensuite, elle a fait du zèle et menacé de nous arrêter tous les deux, Liam et moi. Je n'arrivais pas à y croire », a raconté Mrs Kite.

Son fils a accepté la proposition d'hébergement dans les toilettes d'une salle de jeux des environs. Sans s'arrêter de jouer, il s'est dirigé vers les toilettes, accompagné de deux juges officiels, d'un chronométreur et de l'homme en charge de porter ses trois cors. Puis chacun a pris place dans un cabinet tandis que Mr Kite jouait toujours.

Une heure plus tard, ils ont repris la route, cette fois en direction d'un cinéma local où l'on s'était arrangé pour qu'il puisse jouer toute la nuit. Là-bas, les lèvres de Mr Kite ont gonflé et il a dû admettre son échec, au bout de dix-sept heures et demie.

LA PIRE ENVIE PRESSANTE

Pressé de se soulager rapidement après le décollage d'un vol pour Hanovre en janvier 1993, Johann Peter Grzeganek, touriste allemand de son état, ne pouvait plus attendre malgré l'insistance de l'équipage sur le fait qu'il devait rester assis tant que le voyant lumineux était allumé.

Il était déjà bien trop tard pour ça, donc Mr Grzeganek a bondi de son siège et crié en allemand, dans une prestation de première classe : « Je dois me rendre aux toilettes de toute urgence, sinon je vais crever le plafond. Je suis en train d'exploser ! »

Entendant les mots « *Ich explodiere* », les membres de l'équipage, qui ne parlaient pas allemand, ont pris le touriste pour un kamikaze et alerté le pilote, qui a largué tout son carburant, fait demi-tour et atterri en urgence à l'aéroport de Fort Lauderdale, où Mr Grzeganek a été arrêté et emprisonné pendant dix mois en attendant son procès.

Lorsque l'affaire a fini par arriver devant la justice, le président du tribunal l'a jugée ridicule et a présenté ses excuses à Mr Grzeganek, mais celui-ci a quand même réussi à se surpasser. Arrêté à nouveau hors du tribunal parce que son visa touristique avait expiré, il s'est une fois de plus retrouvé en prison à Miami, dans l'attente d'être transféré. Entre les mains d'un véritable artiste, même le geste le plus anodin peut se transformer en un drame surréaliste en plusieurs actes.

LA TENTATIVE DE SUICIDE LA PLUS CONFUSE

En 2008, un résident de Porthcawl, au pays de Galles, qui avait décidé que la vie ne valait pas la peine d'être vécue, a emprunté la voiture de son frère, emporté une bonbonne de gaz et s'est rendu dans un joli coin près de Merthyr Tydfil. Au moment fatidique, il a remonté sa vitre et ouvert la bonbonne. En regardant le beau panorama, il a finalement décidé qu'après tout la vie n'était pas si moche. Pour fêter son changement d'avis, il a allumé une cigarette, fait exploser la voiture, et on l'a conduit à l'hôpital où il a été soigné pour de nombreuses brûlures.

Ce brave homme, que nous ne pouvons pas nous permettre de perdre, a plaidé coupable pour incendie involontaire et a écopé d'un an de travaux d'intérêt général. On lui a recommandé de suivre des cours d'« Art et Technique du discernement ».

LE PIRE SÉJOUR DE LUXE

Près de trois cents personnes ont payé le prix de cinq cents rands sud-africains pour assister à l'exceptionnel « Racing Fun Day » en juillet 1989. Cela comprenait un aller-retour Johannesburg-Durban en avion, un défilé de mode pendant le vol, et une journée au champ de courses sous une tente privée avec des animations, un vrai repas de luxe et tout ce qui va avec.

Le « fun » a commencé bien plus tôt que prévu, car l'avion est parti avec trente minutes de retard et le vol a été si mouvementé que les mannequins n'arrivaient pas à marcher droit. La tente avait été installée sur un terrain trempé et il n'y avait aucun siège, donc tout le monde a dû rester debout toute la journée, de l'eau jusqu'aux chevilles. L'équipe chargée des animations n'est jamais venue et, au moment du fameux repas, des turfistes sont entrés par les fentes de la tente et ont tout mangé sans payer.

Dans l'avion du retour, l'organisateur s'est senti obligé de présenter des excuses, quand bien même ce n'était pas vraiment nécessaire.

LES PIRES EXCURSIONS

Nous recommandons à quiconque partage nos goûts en matière de sorties de lire les guides fort complets *Merde aux Alton Towers* et *Loin de la foule emmerdée*, écrits par quatre impressionnants jeunes hommes qui fuient les grands parcs d'attractions et autres visites interactives dernier cri. Au lieu de ça, ils nous aiguillent vers les endroits touristiques qui « demandent un peu plus d'efforts et d'imagination (parfois, il n'y a rien à y voir) ». Leurs conseils sont rarement mauvais :

1. L'Anaesthetic Heritage Center est un excellent musée dédié à l'histoire de l'anesthésie. Les expositions vous proposent de découvrir le fascinant spiromètre de Brady et Martin, l'inhalateur de méthoxyflurane de Cardiff et le fameux ventilateur Bang de Newcastle. « Pour une toute petite partie de la population, les objets exposés offrent une riche perspective sur le passé. »

2. Le Beckham Trail est une visite guidée captivante autour de Walthamstow, qui retrace tous les éléments essentiels de la jeunesse du footballeur. Cela inclut l'hôpital Whipps Cross où il a vu le jour et Walthamstow Stadium, où il a travaillé pour 10 livres par soir à ramasser les verres après les courses de lévriers. Le point culminant de la visite, pour ceux qui ont encore la force après quinze kilomètres aussi captivants, se trouve à Gilwell Park, où David a un jour campé avec les louveteaux.

3. Le National Gas Museum possède une collection incomparable d'essoreuses à gaz, une petite sélection de fers à repasser à gaz, ainsi qu'une copie du magazine des collectionneurs de fers *Pressing Matters*. Il y a, selon les auteurs, seulement deux boutons à presser dans tout le musée, mais « l'un des deux est peut-être le bouton le plus important de toute la Grande-Bretagne (après celui qui déclenche le missile Trident) ». Il comporte la simple légende suivante : « Appuyez ici pour entendre la chanson des chauffe-eau Ascot », interprétée par le Henry Hall Orchestra, dont le précédent succès était « Le Pique-nique des Teddy Bears ». Elle contient cette strophe entraînante :

Joyeux dès le matin
Parce que le bain est bien chaud,
Il peut chauffer tout un régiment
L'Ascot fait du bon boulot.

Les auteurs nous informent qu'ils sont restés à appuyer sur le bouton jusqu'à l'heure de fermeture du musée.

LA PERSONNE LA PLUS MALADROITE D'ÉCOSSE

En 2010, la compagnie d'assurances Accident Claims a organisé une compétition pour trouver la personne la plus maladroite d'Écosse. Après avoir sabré des centaines de candidatures, il ne restait plus que trois impressionnants finalistes, et le titre semblait se jouer entre Debbie Scott, d'Aberdeen, et le grand favori Douglas McCorquodale, de Perth.

Ms Scott s'était fait mordre trois fois par des chevaux et avait eu tellement de fractures qu'elle avait fini par devenir experte en la matière, aujourd'hui titulaire d'un doctorat en recherche sur les maladies osseuses et musculo-squelettiques. Mr McCorquodale, lui, s'était assommé en tombant de sa camionnette des postes et gravement brûlé pendant ses vacances en utilisant de l'huile de cuisine comme crème solaire. Sa femme lui avait interdit le bricolage quand il s'était fait écraser par un placard de cuisine qu'il venait de construire. Il était bien connu de l'équipe des urgences du Perth Royal Infirmary. Venu faire soigner un œil après s'être vaporisé de la peinture sur le visage, en sortant il est tombé dans un trou. Blessé au bras, il avait dû retourner aux urgences.

C'est finalement l'outsider Lorraine « Calamity » Crozier, hospitalisée à vingt reprises, qui a remporté le concours. Dans un parcours très varié, elle est tombée quatre fois de cheval, a eu un accident de scooter ainsi qu'une sévère réaction allergique à un bain moussant. Lorsqu'elle a reçu le coup de téléphone lui annonçant sa victoire, elle se trouvait dans un jardin public et a pris la balançoire de sa fille en pleine tête.

LA PIRE NUIT DES ROIS

La veille de l'Épiphanie est souvent un moment calme, passé tranquillement chez soi à ranger les décorations de Noël, mais le champion ultime dans ce domaine, propriétaire d'une maison à Perterborough, a fait de cette soirée un événement convivial unique. En décembre 1992, il venait d'enlever les guirlandes de son sapin et les rangeait dans le placard de la véranda entre le compteur électrique et celui du gaz. Saisi d'inspiration, comme il faisait noir, il a allumé son briquet.

Un magnifique jet de flammes a jailli et quelques instants plus tard la véranda et le revêtement en bois de la maison ont pris feu, les câbles électriques ont creusé un trou dans le tuyau de gaz principal et le tuyau d'eau a fondu. Notre homme n'a certainement pas manqué de compagnie, puisque dix pompiers se sont pointés avec deux camions, et les employés du gaz, de l'eau et de l'électricité sont arrivés pour creuser l'allée et couper les conduits principaux. Pendant ce temps-là, on avait fait fermer la sous-station électrique, et ainsi plongé le quartier dans le noir. Son partenaire et lui ont passé le reste de la nuit dans une chambre d'hôte où ils ont pu rencontrer encore plus de monde.

QUELQUES NOUVELLES DE L'AUTOMOBILE

LE PORTE-BONHEUR LE MOINS EFFICACE

Au mois d'août 1993, on a offert à Tony Middlehurst, rédacteur en chef du magazine automobile *Top Cars*, des cristaux porte-bonheur. Effet immédiat : le lendemain matin, la portière arrière de sa Vauxhall Cavalier s'est ouverte toute seule et a raclé un mur. Deux jours plus tard, sur l'autoroute, il a été obligé de piler car des boulons sont tombés d'un pont sur la M2 ; ils ont fissuré son pare-brise et endommagé son capot. Sa voiture a fini par être détruite lors d'une collision avec un camion le mardi suivant, le jour même où deux voitures qu'il testait pour son travail ont explosé.

Après être passé sur une Citroën le mercredi, Mr Middlehurst a eu un accrochage avec une camionnette dans une rue étroite. Enfin, le jeudi, sa Vauxhall de remplacement s'est encastrée dans une autre camionnette sur un rond-point du sud de Londres. Il a déclaré aux journalistes : « Je me suis débarrassé des cristaux. »

LE PRIX D'EXCELLENCE MURRAY WALKER

Personne n'a jamais égalé les commentaires truffés d'erreurs de Murray Walker sur les courses automobiles, souvent plus mémorables que les courses elles-mêmes. Au sujet de ses superbes tirades survoltées, Clive James a un jour déclaré : « Même dans ses moments les plus calmes, il s'agitait comme si ses vêtements prenaient feu. »

Les phrases suivantes rendent hommage à la vie et à l'œuvre inoubliable du grand homme :

1. « Je ne fais pas d'erreurs. J'annonce des prophéties qui se révèlent instantanément fausses. »
2. « Après cette première moitié de course, il reste l'autre moitié. »
3. Murray : « Alors, Bernie, durant ces dix-sept années à la tête de McLaren, parmi vos nombreux exploits, quel a été pour vous le plus important ? »

   Bernie Ecclestone : « Je ne me souviens pas avoir acheté McLaren. » (Mr Ecclestone était le propriétaire de l'écurie Brabham.)
4. « Mansell ralentit, il y va doucement. Ah non, pas du tout ! C'est son meilleur tour ! »

5. « Il n'y a aucun problème avec la voiture, à part qu'elle est en feu. »
6. Murray : « On aperçoit une sorte de rougeoiement étrange à l'arrière de la Ferrari. »

   James Hunt, l'autre commentateur : « Non, Murray, ce sont ses feux arrière. »
7. « À moins que je ne me trompe… oui, je me trompe complètement. »

LE PLUS GRAND NOMBRE D'EXCÈS DE VITESSE D'UN SEUL COUP

Surnommé « le conducteur le plus malchanceux au monde », un automobiliste turc a établi un nouveau record en novembre 2005 : il s'est fait flasher par le même radar quatre fois en l'espace d'une minute et trente-sept secondes. Lors de ce record du monde près de la ville suisse de Kreuzlingen, il ne se doutait pas le moins du monde qu'il passait devant un radar.

Déconcerté par les flashs répétés, il est revenu plusieurs fois en arrière pour mener l'enquête. Ce conducteur aguerri, dont l'identité a été protégée par les lois suisses sur la vie privée, a expliqué à la police qu'il croyait que quelqu'un cherchait à l'embêter avec un flash et il voulait vérifier « ce qui se passait ».

Il doit son exploit à la présence de deux ronds-points

situés de part et d'autre du radar. Bien qu'ils soient faits pour pousser les automobilistes à ralentir, celui-ci a eu l'effet inverse. Notre homme est passé devant à 58,9 km/h, puis 62, 68 et 76. D'après la police : « Une telle prouesse nécessitait un vrai talent de pilote. »

LA PIRE VOITURE

Lorsqu'un quotidien national lui a demandé de nommer la pire voiture jamais construite, le journaliste automobile David Burgess-Wise n'a pas hésité une seconde avant de décerner la palme à la Pennington Torpedo Auto Car de 1896. « Chaque modèle conçu par Edward Joel Pennington mérite sa place dans la liste des pires voitures de tous les temps », écrivait-il, mais celle-ci avait tout pour elle.

Ce qui rend grisant le moindre trajet dans ce véhicule, ce ne sont pas ses trois roues, ni son absence totale de carrosserie et de suspensions. Ce n'est pas non plus le fait que ses vrombissants cylindres sont situés juste sous le siège passager et pratiquement dépourvus de système de refroidissement, afin que tout le monde ait extrêmement chaud même durant l'été. Pas plus que la selle de vélo qui sert de siège au conducteur, qui doit diriger l'appareil à l'aide d'un guidon, et dont la vue est bloquée par trois passagers assis sur un banc devant lui, ni même que la machine n'a que deux vitesses, une rapide et une lente, et qu'il est possible d'enclencher les deux à la fois.

Non, la qualité unique et inégalable de cette voiture, d'après Mr Burgess-Wise, réside dans le fait que, à vitesse maximale, elle est pratiquement impossible à arrêter. Mais pourquoi voudrait-on arrêter une course si mémorable qu'elle vous poursuivrait partout, nuit et jour ?

LE PIRE VOLEUR DE VOITURES DE RUSSIE

Même la police moscovite a été impressionnée lors de l'arrestation d'Alexei Ashurin en septembre 2006. « Quand on a regardé son casier, on s'est rendu compte qu'il devait être le voleur de voitures le plus incompétent de toute la Russie », a raconté le capitaine Valery Buzovkin aux journalistes.

Tout d'abord, il s'est fait arrêter parce qu'il était tombé dans les pommes, ivre mort, au volant d'une voiture volée. Puis il en a volé une autre devant un garage, sans réaliser qu'elle y était pour une révision des freins. Quelques minutes plus tard, il est rentré dans un 4 × 4 en essayant de s'arrêter à un feu rouge.

À une autre occasion, il a été encore plus audacieux. M. Ashurin a été interpellé alors qu'il poussait une Volkswagen le long de la route. Il avait fait signe à ce qui s'est révélé être une voiture de police pour demander de l'aide.

« Il n'avait plus d'essence, mais quand on l'a aidé à pousser, on a remarqué le tournevis enfoncé dans le contact et le verrou forcé », a dit le capitaine Buzovkin.

TOUS EN MER

LA CROISIÈRE INTERNATIONALE QUI N'EST ALLÉE NULLE PART

Bon nombre de choses horribles peuvent se produire lors des croisières internationales (le mal de mer, avoir à fixer jour après jour l'horizon par le hublot, les brèves escales à Port-Saïd à repousser les gens qui essaient de vous vendre des cartes postales de leur sœur d'un mauvais goût certain). Seule la légendaire croisière *Aurora* de 2005 a réussi à tout éviter.

Présentée comme un « Grand Voyage », elle devait être un périple de cent trois nuits dans quarante ports de vingt-trois pays différents, dont le Cap-Vert et l'île de Pâques, sur le fleuron de la compagnie P&O. Plus impressionnant encore, la croisière n'a en fait duré que onze jours, n'a jamais quitté les côtes anglaises et n'a fait escale qu'au port de Southampton.

Supposé quitter les docks de Southampton le 9 janvier,

l'*Aurora* a rencontré des problèmes de moteur ; on a donc offert aux passagers des rafraîchissements et des divertissements de première classe. Le 11 du mois, le bateau a levé l'ancre et navigué jusqu'à l'île de Wight, qui vaut vraiment le détour, avant de retourner à Southampton. Les passagers ont sûrement posé un regard neuf sur la ville, vu leur long périple.

On leur a alors appris qu'il faudrait six jours pour réparer le moteur et qu'ils pouvaient quitter le navire et visiter à leur convenance le centre-ville de Southampton, où personne ne les harcèlerait pour leur proposer une balade à dos de chameau hors de prix.

Le 17 janvier, l'*Aurora* a longé le Solent jusqu'à la raffinerie de pétrole de Fawley, paysage extraordinaire doté d'une histoire passionnante, puis a fait demi-tour une nouvelle fois vers Southampton, dont on ne saurait se lasser.

Tandis que le soir tombait, le 18, les passagers sont sortis sur le pont, cramponnés à leur coupe de champagne gratuit, afin de dire adieu à contrecœur à l'illustre cité. L'orchestre jouait. Les drapeaux flottaient. Les passagers agitaient leurs mouchoirs. L'*Aurora* n'a pas bougé.

Le 19 janvier, bien détendus par leur croisière, trois cent quatre-vingt-cinq passagers ont décidé de quitter le navire et rentrer chez eux, après quoi l'*Aurora* est parti. L'orchestre jouait à nouveau, les drapeaux flottaient, etc. Tout le monde a fait ses adieux et le paquebot de soixante-seize mille tonnes a pris la mer et gagné en vitesse jusqu'à atteindre le Devon où, en face de Start Point (vous y êtes déjà allés ? C'est magnifique !), le moteur a fait pffft et la fabuleuse aventure a été annulée. Un porte-parole de chez P&O a raconté que les passagers étaient « tristes » de quitter le navire, ce qu'on imagine aisément. Au cours de ce voyage, personne n'a eu le mal du pays.

LE PIRE SAUVETAGE EN MER

Partie du port de Sydney en 1829, la vedette *Mermaid* a heurté un récif dans le détroit de Torrès et a coulé, laissant ses vingt-deux occupants agrippés à un rocher. Ils ont fini par être secourus par un autre bateau, le *Swiftsure*, mais quelques jours plus tard celui-ci aussi a fait naufrage. Au bout de quelques heures, ils ont reçu l'assistance du *Governor Ready*, avec son chargement de bois et son équipage de trente-deux personnes. Trois heures après, il a pris feu et tout le monde a dû évacuer le navire sur des canots de sauvetage, tandis que le bateau brûlait sur la ligne de flottaison.

Lorsque le *Comet* s'est arrêté à leur hauteur, son équipage a écouté leur récit et décidé que, tout bien considéré, il valait mieux ne pas les prendre à bord. Avec grande difficulté, leur capitaine à l'esprit civique les a convaincus de secourir les naufragés. Sept jours plus tard, le *Comet* a sombré au milieu d'une soudaine tempête et les passagers, à présent accompagnés de quatre équipages différents, ont été secourus par le *Jupiter*.

Sur les quatre naufrages, pas un seul homme n'a perdu la vie, mais le *Jupiter* a heurté le rivage en entrant à Port Ruffles et a été sabordé après avoir été jugé irréparable.

LA PIRE PATROUILLE DES GLACES

Créée à la fin des années cinquante pour parer aux problèmes posés par les icebergs, qui menaçaient la navigation dans l'Atlantique, la Patrouille internationale des glaces a décidé que la meilleure stratégie était de tous les détruire. Menée par les garde-côtes américains, elle a d'abord essayé de tirer sur les icebergs à la mitrailleuse. Cela n'a eu aucun effet, sinon de leur donner un aspect joliment perforé.

Une décennie plus tard, le projet est devenu plus sérieux et on a décidé de bombarder les icebergs. À l'aide d'une vingtaine d'appareils de la Seconde Guerre mondiale, on espérait briser la glace en petits morceaux. Les icebergs se sont révélés résistants aux chocs et rien n'a changé.

On est passé aux grenades thermites, composées d'un puissant mélange d'aluminium en poudre et de fer qui explose et chauffe jusqu'à plusieurs centaines de degrés centigrades. L'idée consistait à briser et faire fondre la glace en une seule opération impressionnante.

« C'était vraiment spectaculaire », a raconté le capitaine Bob Dinsmore, commandant de la patrouille, « mais ça n'a vraiment rien fait aux icebergs. »

Dans un ultime élan d'imagination, ils ont tenté de peindre les blocs de glace en noir de façon qu'ils absorbent les rayons du soleil au lieu de les refléter. Cette solution a fonctionné et certains ont fondu, mais la peinture noire alors répandue dans l'océan est devenue encore plus problématique pour les bateaux que les icebergs eux-mêmes. Le capitaine Dinsmore a écrit dans son rapport officiel : « Afin d'éliminer les icebergs, nous avons essayé tout ce qui nous est passé par la tête, sauf la bombe atomique. » Ils ont fini par décider de faire avec et de trouver un moyen de les contourner.

7

FAIRE RÉGNER LA LOI ET L'ORDRE

« Il y aura toujours des fiascos. »

Leonard Kapinga, département « Enseignements à tirer » de l'ONU

AU CŒUR DE L'ESPRIT CRIMINEL

LE BRAQUEUR DE BANQUE LE MOINS INTIMIDANT

Tout naturellement nerveux avant de braquer sa première banque, un voleur de Northampton a bu tellement d'alcool pour se détendre qu'il n'arrivait même plus à écrire. Il a titubé jusqu'au magasin de chaussures voisin et demandé aux gentilles dames de la caisse si elles pouvaient lui rédiger la note suivante : « Filez-moi de l'argent s'il vous plaît. »

Il a ensuite chancelé jusqu'à la Nationwide Building Society au coin de la rue et a déposé sa requête au guichet. Ils lui ont répondu qu'ils étaient occupés et qu'il devait partir. Au meilleur de sa forme et désormais inarrêtable, il est entré dans deux autres banques, mais s'est enfui dès que les employés ont appuyé sur le bouton d'alarme.

Arrêté pour ébriété et trouble à l'ordre public, notre homme a comparu devant le juge Richard Bray au tribunal de Northampton en mai 1995. « Cette affaire est extrêmement bizarre, a dit le juge, personne n'a eu peur et vous n'avez même pas été arrêté pour les actes que vous essayiez de commettre. »

LA PIRE ÉVASION

Un voleur de voitures qui venait de s'évader de la prison de Kirkham, en septembre 1994, a couru tout droit vers l'autoroute M6 pour faire de l'auto-stop. Lorsqu'un véhicule s'est arrêté, il a décidé de se confier à l'automobiliste : « Je suis un prisonnier en cavale, j'espère que ça ne vous dérange pas.

— Non, si ça ne vous dérange pas que je sois gardien de prison », a répondu le conducteur, Steve Wynder, qui a immédiatement prévenu la police.

LES VOLEURS LES PLUS CONFIANTS

Dans le cadre de leur plan ingénieux, en mai 2010, Albert Bailey et son complice de seize ans ont appelé la People's Unity Bank de Fairfield, dans le Connecticut, pour prévenir qu'ils viendraient braquer la banque une dizaine de minutes plus tard et leur demander si on pouvait déjà sortir quelques sacs pleins d'argent.

Cela a laissé le temps à tout le monde de se préparer. Les braqueurs sont arrivés au bout de dix minutes, comme promis, et l'adolescent s'est présenté avec un papier expliquant qu'ils avaient téléphoné un peu plus tôt. Le caissier avait préparé 900 dollars dans un sac. La police, qui attendait dehors, a dit aux voleurs qu'ils auraient mieux fait de les appeler directement.

LA PIRE TENTATIVE DE BRAQUAGE DANS UN FAST-FOOD

En novembre 1996, un voleur est entré dans un Burger King d'Ypsilanti dans le Michigan, a sorti un pistolet et exigé qu'on lui donne l'argent. Le caissier lui a dit qu'il ne pouvait pas ouvrir la caisse sans commande. Notre homme a alors demandé des rondelles d'oignons frits, mais l'employé lui a répondu qu'ils n'en faisaient pas au petit déjeuner. Frustré, le braqueur est parti.

LES CRIMINELS
LES PLUS FACILES À ATTRAPER

Les plus grands crimes portent la marque d'une simplicité optimale qui permet de les élucider presque instantanément.

1. En janvier 1997, Michael Coulter a été identifié au moment même où il volait des baskets, trois paires de chaussettes et des caleçons dans une boutique de Cookstown, dans le comté de Tyrone. Avec ses deux mètres vingt-six, il est l'homme le plus grand d'Irlande. « Les vendeurs l'ont immédiatement repéré », a déclaré un porte-parole de la police royale d'Ulster. « Il avait dû se pencher pour entrer dans le magasin. »
2. Un voleur allemand a surgi dans une banque berlinoise avec un pistolet et a hurlé : « Filez-moi l'argent ! » Le personnel lui a demandé s'il voulait un sac, ce à quoi il a répondu : « Bien sûr que c'est un vrai flingue ! » Le directeur a deviné sa surdité et déclenché l'alarme. « Elle sonnait à un volume ridiculement fort, mais il n'a pas eu l'air de le remarquer. » Au bout de cinq minutes ponctuées par l'homme qui criait « Je suis un vrai tueur », la police est arrivée et l'a arrêté.
3. En mars 2008, Ruben Zarate est entré dans un magasin de vêtements à Chicago et a exigé qu'on lui remette l'argent. Un employé lui a répondu que seul le responsable pouvait ouvrir le coffre et qu'il n'était pas là. Mr Zarate lui a alors donné son numéro de portable et demandé que le

responsable le rappelle quand il reviendrait. Quand on lui a téléphoné, il est revenu, a brièvement répété ce qu'il voulait et s'est fait embarquer tout droit au commissariat.

4. Henry « Headbanger » Smith a été immédiatement identifié en fuyant la scène de son crime parce qu'il avait son surnom tatoué sur le front. À le voir quitter en courant une maison de Gainsborough, dans le Lincolnshire, avec une chaîne hi-fi planquée sous un torchon, il avait l'air si louche qu'un chauffeur de taxi a tout de suite prévenu la police. Mr Smith a plus tard raconté que sa copine n'avait pas aimé la stéréo et qu'elle l'avait jetée.

LE PIRE CAMBRIOLAGE

En novembre 1993, un sniffeur de colle est entré par effraction dans une usine de colle du Brésil, mais il a perdu son sang-froid devant sa drogue favorite et s'est mis à l'inhaler à même les cuves. Submergé par les vapeurs, il s'est évanoui, a perdu l'équilibre et renversé un bac dans sa chute. Quand il est revenu à lui, il était collé au sol, obligé de rester allongé là jusqu'à l'arrivée des employés.

Un inspecteur de police a commenté l'arrestation : « Il a fallu douze hommes, dont huit pompiers, pour le déloger, et nous avons dû emporter une dizaine de lames de parquet avec lui en garde à vue. »

DE L'IMPORTANCE D'AVOIR LE MAUVAIS MATÉRIEL

En 1983, deux hommes cagoulés sont arrivés en voiture à la State Bank de Melbourne. L'un d'eux est resté dans le véhicule, moteur en marche, et l'autre en est sorti équipé d'une vieille sacoche de médecin énorme et d'un fusil à canons sciés à l'ancienne tout aussi gigantesque avec deux chiens métalliques.

Il a couru jusqu'à la porte, trébuché sur le paillasson « Bienvenue », s'est jeté dans l'embrasure, a roulé à l'intérieur de la banque et s'est étalé au sol. Les chiens du fusil s'étaient coincés dans la poignée de la sacoche et il a tiré dessus pour tenter de les libérer, en vain.

Tout le monde observait cet instant de bravoure avec grand intérêt tandis qu'il essayait de débloquer le fusil à coups de pied, en jurant bruyamment. Enfin, complètement désespéré et toujours allongé sur le dos, il a saisi l'arme et poussé sur le sac avec ses deux jambes.

Le sac s'est soudain détaché, les chiens se sont déclenchés et ont déchargé les deux canons simultanément dans le plafond. Inquiété par la détonation, son complice a foncé à l'intérieur et traîné son collègue sur le sol jusqu'à la voiture, avant de se rendre compte qu'il avait fait tomber ses clés dans la banque.

LE RÔLE DE LA POLICE

LE PIRE MOYEN DE DISSUADER LES CRIMINELS

Bien déterminée à réduire le taux de criminalité à Stockport, la police a placé une silhouette en carton grandeur nature de l'agent Bob Molloy à l'entrée du supermarché Sainsbury's. D'après les observateurs vigilants, elle « dépassait de derrière les confiseries ». En 2009, la silhouette a été volée par deux femmes, bien visibles sur les caméras de surveillance. « L'une tenait la porte pendant que l'autre partait en courant avec le policier sous le bras », a expliqué un employé du supermarché.

D'autres silhouettes similaires situées ailleurs dans Stockport ont également causé des problèmes. « Elles ont l'air très réalistes, a dit l'agent Molloy. L'autre jour, quelqu'un m'a dit qu'il m'avait salué dans un magasin, et que je n'avais pas répondu. »

LA PIRE OPÉRATION SECRÈTE

En septembre 1994, des policiers infiltrés se sont approchés d'une réunion de l'ARM dans la salle des fêtes de Cundall, dans le Yorkshire; ils espéraient découvrir les membres de l'Animal Rights Militia en train de préparer leur prochain scandale. Au lieu de ça, ils sont tombés sur un meeting de l'Association of Radical Midwives, une organisation de sages-femmes.

Lorsque deux femmes sont sorties pour fumer une cigarette, les agents infiltrés les ont abordées et questionnées sur ce qui se passait à l'intérieur. Ravies de voir un intérêt masculin pour leur projet de faire progresser les accouchements à domicile, elles les ont renseignés. Claire Warren, organisatrice de la réunion, a déclaré : « Quand on leur a répondu, ils se sont simplement regardés et ils ont filé discrètement. Nous n'avions aucune idée de ce qui se passait dehors, ni du trouble que nous leur avons causé. »

LE PIRE AGENT DE PRÉVENTION

En février 1990, les policiers qui observaient un voleur à l'étalage sur une vidéo de surveillance ont immédiatement reconnu leur propre agent de prévention contre le crime, en train de piquer un stylo et deux paires de collants. Il a été filmé dans une boutique du Sandwell Centre, à West Bromwich, non loin du commissariat de Smethwick où il avait récemment été photographié par des journalistes locaux devant une affiche qui disait : « Attention ! Il y a un voleur dans le coin ! »

LA PIRE SURVEILLANCE DE QUARTIER

La surveillance de quartier la moins utile a été créée au début des années quatre-vingt-dix dans le hameau de Culbone, dans le Somerset. Plus petite commune de Grande-Bretagne, elle ne comprenait que vingt-trois habitants, dont vingt et un cerfs. Il est très difficile de tomber sur Culbone, et encore moins sur quelqu'un à qui y voler quelque chose. Caché dans une lointaine vallée, derrière une tourbière et presque au bord d'une falaise, le hameau se trouve à une dizaine de kilomètres de la ville la plus proche, et l'on y accède par un chemin de terre.

Il n'était constitué que de deux cottages, à l'époque habités par Dennis et Barry. Un jour, Dennis a annoncé qu'il mettait en place une surveillance de quartier. Étant donné que ce serait lui qui dirigerait les opérations, cela impliquait que Barry serait l'unique suspect potentiel à être surveillé toute la journée, ce qui n'était pas vraiment nécessaire puisqu'il n'avait ni voiture ni électricité et qu'il ne manifestait aucune envie d'acheter de biens durables, et encore moins de les voler.

LES POLICIERS LES MOINS VIGILANTS

Tous les ans, les policiers de trois États voisins d'Australie se réunissent pour élire le vainqueur du Knacker Award, attribué au policier qui a commis la plus grosse boulette. En 1989, ils ont décidé pour la première fois de remettre ce prix à tout le service de police de Renmark, après que la ville a reçu la visite d'un escroc de cent kilos.

Cet étranger paraissait si aimable que les habitants l'ont couvert de gentillesses. Une banque locale lui a ouvert un compte, grâce auquel il a fait des chèques en bois d'une valeur de 15 000 dollars. La salle de sport du coin lui a même donné des cours gratuits, ce qui lui a permis de perdre environ six kilos. Le jour de son départ, son pick-up est tombé en panne. Un automobiliste qui s'était arrêté pour l'aider a repéré les trois téléviseurs couleurs et les trois magnétoscopes à l'arrière et a prévenu la police.

L'homme a assuré aux policiers que ces objets lui appartenaient. Une fois encore, rien ne les a dérangés. Ils ont remorqué son véhicule jusqu'au centre-ville, l'ont fait réparer et ont même trouvé à notre arnaqueur un logement pour la nuit. Le lendemain, il les a remerciés chaleureusement et il est parti. Ils ne l'ont revu que quelques jours plus tard, en regardant l'émission de télé *Australia's Most Wanted*, dans laquelle il apparaissait en tant que cible d'une chasse à l'homme nationale.

LE PIRE PROGRAMME DE RÉINSERTION

Dans le cadre d'un « programme de réinsertion » pour les prisonniers purgeant de longues peines en janvier 1990, Robert Walters a reçu l'autorisation de sortir du pénitencier Collins Bay, au Canada, accompagné de son agent de probation. Arrivé à la moitié de sa peine de vingt-quatre ans pour vol, on l'a laissé aller en ville pendant six heures pour qu'il se réhabitue à une vie normale.

L'agent a conduit Mr Walters à Kingston et ils se sont rendus dans un hôtel afin qu'il puisse se réhabituer à boire un verre d'alcool. Il s'est ensuite réhabitué à en boire un deuxième, puis un troisième. Finalement, il a dit à son agent de probation — qui profitait bien de l'après-midi, lui aussi — qu'il sortait faire un tour une minute. Il est rapidement revenu avec des milliers de dollars planqués dans son pantalon.

Assis dans la voiture devant l'hôtel, l'agent s'est fait arrêter pour conduite en état d'ivresse, et Mr Walters pour s'être réhabitué à braquer la Banque royale du Canada.

LE RAID DE POLICE LE MOINS OPPORTUN

Le jeudi 27 novembre 2008, l'alarme s'est déclenchée à la PNC Bank de Montgomery Township, dans le New Jersey. À 20 h 40, les voitures de police se sont précipitées sur les lieux. La banque était fermée et les stores baissés, mais les policiers ont entraperçu une vague silhouette menaçante à l'intérieur.

Ils ont commencé par appeler une équipe du SWAT, qui prend ce genre de choses très au sérieux. Ceux-ci sont arrivés avec des armures complètes, des boucliers pare-balles, des outils pour forcer l'entrée, du matériel de vision nocturne avancé, des capteurs de mouvement, des pistolets-mitrailleurs, des fusils à pompe et des snipers.

Cette équipe d'élite a fait boucler tout le périmètre et évacué les résidents des trois immeubles voisins. Ils ont ensuite essayé d'entrer en contact avec quiconque pouvait se trouver dans le bâtiment avec un porte-voix et par téléphone, mais n'ont obtenu aucune réponse.

Au bout de deux heures, le SWAT a décidé de prendre la banque d'assaut. Peu après 20 h 20, alors qu'un hélicoptère les survolait et que des équipes de journalistes arrivaient des quatre coins du pays, ils ont enfin réussi à pénétrer à l'intérieur.

La forme sombre n'était autre que la silhouette en carton d'un commercial qui proposait aux clients des transactions financières à bas coût.

8

LE QUOTIDIEN DANS LES MÉDIAS

« Sur quoi travaillez-vous ?
— Je prépare ma prochaine erreur. »

Bertolt Brecht,
Histoires de monsieur Keuner

LA PIRE INTERVIEW TÉLÉVISÉE

Guy Goma a quitté le Congo pour la Grande-Bretagne afin de travailler dans les médias en tant que technicien. Cette décision a pris tout son sens en mai 2006 lorsqu'il a passé un entretien d'embauche à la BBC pour le poste d'assistant informatique. Avec lui dans la salle d'attente se trouvait Guy Kewney, éminent consultant informatique, qui s'apprêtait à passer en direct à la télévision.

Quelqu'un est venu, a demandé à M. Goma s'il était là pour l'entretien, et l'a mené vers le plateau. Il aurait dû s'apercevoir que quelque chose clochait quand il a vu les caméras et quand on a commencé à le maquiller. Cependant, il existe certaines différences culturelles entre le Congo et la Grande-Bretagne, et l'on pouvait penser que c'en était une.

L'interview a démarré et Karen Bowerman, de la BBC, l'a présenté comme « Guy Kewney, rédacteur en chef de

Newswireless.net». M. Goma semblait surpris, mais il a tout de même vaillamment répondu aux questions qu'on lui posait.

«Au vu des coûts que cela implique, croyez-vous que de plus en plus de gens vont télécharger du contenu sur Internet?» lui a demandé la journaliste. La question était simple, peut-être même sans intérêt, mais la réponse de M. Goma a ravi tous ceux qui l'ont entendue :

«En fait, si vous pouvez aller partout, vous verrez des tas de gens qui téléchargent sur l'Internet et les sites, ou tout ce qu'ils veulent. Mais je crois que c'est bien mieux pour le développement et… euh… d'informer les gens de ce qu'ils veulent et l'obtenir facilement et donc plus vite si c'est ce qu'ils recherchent.»

Il a ensuite eu droit à son véritable entretien d'embauche. Celui-ci a duré dix minutes et M. Goma n'a pas eu le poste, mais à ce moment-là il était déjà devenu une star de la télévision nationale, trop occupé à parler de son apparition très inspirée sur GMTV, ITV, Channel 4 et la BBC elle-même.

LE PIRE DANSEUR DE SALON

John Sergeant, le meilleur danseur de salon de sa génération, a été invité sur le plateau de *Danse avec les stars*, le concours de célébrités qui font des cabrioles sur la BBC. Coté perdant à cent contre un, et jusque-là connu uniquement comme journaliste politique très sérieux, il s'est montré très prometteur dès ses débuts.

En un rien de temps, il s'est mis à faire des gestes d'une rare beauté. Personne n'oubliera son paso-doble en tenue complète de Mexicain : il traînait sa partenaire sur la piste « comme un sac de patates » en tapant du pied, et se mettait parfois à trotter brusquement avec une expression figée et lugubre qui oscillait entre la concentration et l'ennui le plus profond.

Les jurés ont rapidement repéré son gros potentiel : « Sa posture est mauvaise, il a les pieds rentrés, il ne maîtrise pas les pas, et sa tête part sur le côté. Niveau danse, il a tout faux. » Ils ont aussi fait remarquer que, alors que les autres participants s'entraînaient sans arrêt, John restait assis à lire le *Guardian*. « Jamais un candidat aussi mauvais n'est allé aussi loin. »

Semaine après semaine, un jury de plus en plus désagréable laissait son sort entre les mains du public, qui l'adorait et votait pour le garder dans l'émission. « Avec le temps, il devenait de plus en plus clair que j'avais une chance de gagner, a-t-il dit. Cette pensée me terrifiait. » Sa cote est descendue à dix contre un.

Lorsqu'il a annoncé qu'il se retirait de l'émission, la BBC a immédiatement reçu de nombreuses plaintes. Il y a eu une conférence de presse, un reportage aux informations nationales et un débat dans les journaux pendant toute une semaine pour déterminer si son manque absolu de rythme et de talent devait faire obstacle à sa participation au concours. Lord Mandelson, secrétaire d'État à l'Industrie, a laissé un instant de côté ses occupations politiques pour déclarer : « Il ne devrait pas abandonner. Il est devenu le John Travolta du peuple. »

Son départ a provoqué un tel tollé que Mr Sergeant a été invité à danser une valse d'adieu, qui a volé la vedette au reste de l'émission : il a eu droit à une *standing ovation*.

Sa seule vraie rivale, la députée Ann Widdecombe, a fait son apparition la saison suivante. D'après les jurés, « elle a deux pieds gauches, sa poitrine occupe les trois quarts de son corps et elle danse comme un remorqueur qui tirerait l'*Ark Royal* sur la Clyde ». Un critique s'enthousiasmait : « Les producteurs la font passer en dernier pour qu'on soit obligés de regarder les bons danseurs en guise d'amuse-bouche ennuyeux avant le merveilleux plat principal. »

Miss Widdecombe a déclaré qu'elle cherchait à « voler comme Dumbo » quand elle dansait le tango. Elle est devenue la première candidate à se faire soulever du sol grâce à un harnais.

« J'ai refusé six fois l'émission. Je ne pensais pas en être capable. Et puis j'ai vu John Sergeant : il a ouvert la voie », a-t-elle raconté aux journalistes.

LE PIRE FLASH INFO POLITIQUE

Contestée dans sa position de chef du Parti conservateur en 1990, Margaret Thatcher, Premier ministre du

Royaume-Uni, s'est défendue par une phrase assez typique : « Je continue de me battre, et je me bats pour gagner. » Cette déclaration n'aurait pas intéressé des spécialistes tels que nous si la BBC Radio 4 n'avait saisi l'occasion d'innover dans le domaine du journalisme.

Mrs Thatcher était candidate au scrutin qui devait être dépouillé quelques minutes avant le flash info. Le correspondant politique a donc intelligemment enregistré deux reportages, l'un annonçant sa victoire, l'autre sa démission.

Ces génies ont diffusé le mauvais, malgré la courte victoire de Mrs Thatcher. Quelques jours plus tard, elle a perdu lors d'un second scrutin, ce qui n'a fait qu'augmenter la réputation de la BBC quant à sa capacité à toujours être première sur l'information.

LE PIRE DOCUMENTAIRE

En mai 1994, la BBC a commandé un documentaire intitulé *Un mariage à la campagne*, dans la célèbre série de reportages *40 minutes*. Pendant six mois, un joyeux couple de ruraux a raconté leur relation, leurs espoirs et leurs projets, la raison pour laquelle ils avaient choisi de se marier en octobre, leur avis sur les enfants, leurs plans détaillés pour la réception, le choix des invités, l'importance des décisions prises à deux, les arrangements floraux, et comment ils espéraient combiner sa carrière de violoniste internationale à elle et son entreprise de pêche locale à lui.

Trente heures de télévision étaient déjà dans la boîte quand les mariés se sont rétractés et les fiançailles ont été annulées. Les producteurs ont alors changé le titre du reportage en *Une année à la campagne*. Ils ont simplement remonté l'ensemble des séquences, et tout le monde était ravi, mais la série *40 minutes* a été arrêtée. Dans un monde gavé d'information où les médias sont omniprésents, ils ont pris la bonne décision et le documentaire n'a jamais été diffusé.

LA PIRE PENSÉE DU JOUR

Animateur radio chevronné, le rabbin Lionel Blue a connu son heure de gloire lors de l'émission *La Pensée du jour* sur BBC Radio 4. En direct, il a tourné la première page de son exaltant discours et s'est rendu compte qu'il n'avait pas apporté la page deux, comme certains esprits inférieurs l'auraient fait, mais une deuxième copie de la page un.

Saisissant sa chance, le maestro a électrisé ses auditeurs : il a hésité, marqué une pause, bégayé, tâtonné et s'est débattu de la plus belle des façons. Il a plus tard déclaré : « J'ai tout foiré. Je me suis dit : "Heureusement que je pars au Canada." »

Quand il est revenu quelques semaines plus tard, il a trouvé la pile de courrier la plus haute et la plus enthousiaste qu'il ait jamais reçue.

LA PIRE SURPRISE TÉLÉVISÉE

Le regretté Eamonn Andrews, excellent présentateur télé, était surtout connu pour le lancement de l'émission *C'est votre vie*. Chaque semaine, il surprenait une célébrité en arrivant à l'improviste avec un Grand Livre Rouge dans lequel se trouvait sa biographie. On emmenait ensuite la célébrité dans le studio pour qu'il retrouve ses proches et ses amis perdus de vus, qu'il le veuille ou non.

En 1972, une de ces émissions a pris pour cible un humoriste du nom de Charlie Williams, alors à l'affiche d'un théâtre de Batley. Mr Andrews comptait monter sur scène avec le livre rouge juste à la fin du spectacle. Comme c'était une véritable star à l'époque, il a dû se cacher pour réserver la surprise. Il s'est glissé dans un petit recoin à l'entrée des artistes, derrière une barrière de tôle rouillée maintenue en place par deux morceaux de bois.

Puis un homme est arrivé et s'est mis à uriner interminablement sous la tôle, sur les pieds de Mr Andrews, remplissant ses chaussures et trempant ses chaussettes. « Il s'est soulagé pendant un long moment, semblait-il », s'est souvenu le producteur de l'émission. Le célèbre présentateur ne pouvait pas bouger ni dire quoi que ce soit, sinon il aurait gâché la surprise.

Juste après, quelqu'un est venu lui dire à l'oreille que le spectacle touchait à sa fin. Le producteur a raconté qu'il n'oublierait jamais le clapotement des chaussures de Mr Andrews quand celui-ci est monté sur scène, ni l'extrême étonnement de la célébrité.

LA PIRE REMISE D'OSCAR

En 1983, Zbigniew Rybczyński a remporté l'oscar du meilleur court métrage d'animation, et alors les choses se sont accélérées. Tout d'abord, la présentatrice, Kristy McNichol, a écorché son nom quand elle a annoncé sa victoire, mais la soirée n'a vraiment commencé que quand l'orchestre a interrompu son discours de remerciement.

Il s'est ensuite éclipsé pour fumer une cigarette dehors, après quoi l'agent de sécurité n'a pas voulu le laisser rentrer. À entendre son accent polonais et son anglais approximatif, le vigile a cru qu'il était ivre. « J'ai oscar ! J'ai oscar ! » a crié Mr Rybczyński, qui s'est alors fait plaquer contre un mur. Mettant fin à une soirée parfaite, s'étant débattu, il a passé la nuit en prison à se détendre le temps qu'on tire les choses au clair.

LE SECRET LE MOINS BIEN GARDÉ

Alors que la guerre des Malouines atteignait un stade critique en mai 1982, les troupes britanniques ont lancé un assaut top secret sur Goose Green. Sous le couvert de l'obscurité, un régiment de parachutistes a installé un campement caché, où ils se tenaient prêts à l'action.

Prenant l'ennemi au dépourvu, la BBC a révélé la position des soldats britanniques à divers endroits du globe, dont les Malouines. « Je n'arrivais pas à y croire », a raconté le capitaine Malcolm Worsley-Tonks. « Je me suis dit : "Ce n'est pas possible. Personne n'est aussi stupide." » Les Argentins aussi ont entendu l'annonce, mais ils sont arrivés à la même conclusion et ont décidé qu'il s'agissait d'un piège. La vérité est souvent la première victime de la guerre, mais heureusement, pas cette fois-là.

LA PIRE MATINALE

Le matin, les stations de radio sont peuplées d'animateurs brillants et enjoués dont l'insupportable gaieté ne fait que vous gâcher la journée. En juin 1998, faisant montre d'une formidable et rare considération pour ses auditeurs, l'animateur de la matinale de Sun FM, radio basée à Sunderland, a établi un nouveau record : il s'est endormi trente minutes au cours de sa propre émission. Quelle paix ! Quel calme ! Soudain, on pouvait réfléchir, songer et se recueillir avant de se lever pour de bon. Il a été tiré de son sommeil par son patron à 7 h 30.

« J'étais assis là, à lire la liste des publicités, et l'instant d'après il me criait dessus pour me réveiller. » Malheureusement pour les habitants de Sunderland, ce sympathique pionnier radiophonique a été remplacé par une personne bruyante parmi tant d'autres.

LE PRIX D'EXCELLENCE JOHN MOTSON

Le monde a connu de nombreux commentateurs de football, mais seul John Motson a su explorer les possibilités du surréalisme. Comme tout artiste surréaliste, ses œuvres impliquaient des éléments de surprise, des juxtapositions inattendues et beaucoup de non-sens. Il a gagné l'admiration des fans de foot du monde entier :

1. « Pour ceux qui regardent sur un téléviseur en noir et blanc : les Spurs jouent en jaune. »
2. « Il s'agit en quelque sorte d'un one-man-show… seulement il implique deux hommes, Hartson et Berkovic, et un troisième, le gardien de but. »

3. « Il ne reste qu'une minute de temps additionnel, vous pouvez donc lancer la cuisson des œufs si vous voulez. »
4. « Bruce a goûté la pelouse de Wembley par les narines. »
5. « Quel moment pour marquer... Vingt-sept minutes ! »
6. « Les buts ont vraiment changé la tournure du match. »
7. « Cramponnez-vous à vos verres... Vous pouvez à présent les balancer : David Beckham a marqué un but. »

LA POSITION MORALE LA MOINS CONVAINCANTE

En janvier 1997, un sondage a révélé que les deux tiers des vicaires de l'Église d'Angleterre n'étaient pas capables de citer les Dix Commandements. Voyant cela d'un œil sévère, l'*Independent* a remis les ecclésiastiques à leur place en listant les dix. Ils se sont trompés sur deux, ont complètement oublié le quatrième (« Sanctifie le jour du Seigneur ») et en ont inventé un nouveau très important (« Tu ne convoiteras pas la maison de ton voisin ») ; peut-être en réponse à un intérêt général pour le prix de l'immobilier.

LE PIRE LANCEMENT D'UNE CHAÎNE DE TÉLÉ

En attendant de lancer sa nouvelle chaîne de science-fiction en 1994, une entreprise de télévision câblée basée à Columbia, en Caroline du Sud, a décidé de braquer une caméra sur un aquarium et de filmer pendant quatorze heures par jour les poissons tropicaux qui y nageaient en cercle. Ils se sont dit que ça occuperait l'écran, le temps que les créatifs mettent tout en place.

La chaîne a fini par se lancer, avec fracas : l'entreprise a reçu de nombreux appels de téléspectateurs en colère qui disaient que les programmes n'étaient pas aussi intéressants que les poissons et voulaient savoir quand ils revenaient à l'antenne. L'entreprise a cédé à la pression du public et passé le merveilleux aquarium sur une autre chaîne, où il est toujours diffusé quatorze heures par jour pour le plus grand plaisir des spectateurs.

LA PIRE CAMPAGNE DE PUB

La dernière idée en date de l'agence publicitaire Saatchi & Saatchi, en Nouvelle-Zélande, a été la campagne « Le grand A d'Auckland ». L'idée était d'encourager la fierté des habitants de cette jolie ville et de les inciter à se saluer en formant un « A » avec les doigts, en joignant les pouces et les doigts des deux mains.

La campagne a été abandonnée en mars 2001 suite à de nombreuses plaintes de l'association des malentendants de Nouvelle-Zélande ainsi que de divers groupes féministes, car il s'agissait non seulement du geste qui signifie « vagin » partout dans le monde, mais il ressemblait également au mot « sida » en langue des signes.

L'ÉMISSION EN DIRECT LA MOINS PASSIONNANTE

Pour la première fois à la télévision, *Police Action Live* promettait « une émission extraordinaire de deux heures qui dévoile le travail de la police en temps réel ». L'idée consistait à diffuser en direct des images d'une soirée de novembre 1995, et d'alterner entre la brigade des mœurs de Manchester, une patrouille à pied en Northumbrie, une policière qui répond aux appels d'urgence à Scotland Yard et la cellule de garde à vue du commissariat de Charing Cross.

« Pendant les deux prochaines heures, avait prévenu le présentateur Dermott Murnaghan, vous allez assister au quotidien de la police comme jamais auparavant. »

Il ne s'est rien passé pendant cent vingt minutes.

Mr Murnaghan a expliqué qu'ils se serviraient de satellites

pour l'émission afin de « se rendre aux quatre coins du pays ». Il a trouvé la brigade des mœurs de Manchester en train de patrouiller dans des allées désertes où les mœurs se portaient très bien. L'agent Doreen Davis, dans la « voiture de poursuite » à Trafalgar Square, était coincée dans les bouchons et on ne l'entendait pas à cause de la sirène. À Newcastle, deux policiers sur le terrain n'arrivaient pas à couvrir le bruit des ivrognes autour d'eux qui criaient vers la caméra. « Une joyeuse croupe pour les agents Speedy et Charlton », a fait remarquer le présentateur, qui cherchait sûrement le mot « troupe ».

Même quand la police a fini par arrêter un poivrot solitaire, les caméras n'ont pas pu filmer son visage pour des raisons légales et sont restées braquées sur son pantalon tandis que l'agent de service remplissait la paperasse. Au bout de cinquante-huit minutes, la seule intervention policière à laquelle on ait eu droit était un agent de la circulation qui conseillait à des automobilistes de rejoindre les Alcooliques Anonymes.

« Bien, a dit Mr Murnaghan. Nous retournons dans le Hampshire pour retrouver nos agents de la circulation en plein cœur d'une course-poursuite endiablée. » Le reporter a répondu : « Oui, Dermott. Mais il ne s'agit pas vraiment d'une course-poursuite. » Ils se rendaient dans un garage pour attendre un véhicule potentiellement suspect en provenance de Wiltshire qui n'est jamais venu.

LA PIRE INTERVIEW RADIO EN DIRECT

Le 11 décembre 2010, BBC Radio 4 a téléphoné au député Michael Crockart, jeune membre du gouvernement, pour lui annoncer qu'ils avaient un créneau de sept minutes pendant les informations de la mi-journée afin qu'il donne son avis sur l'augmentation des frais de scolarité. Ils avaient un mauvais numéro dans leur carnet d'adresses et ils sont tombés sur Paul Leatherbarrow, un ouvrier du bâtiment de vingt-sept ans en pause déjeuner sur un chantier. « Ils m'ont demandé si je voulais passer à la radio, et j'ai dit oui. »

Mr Leatherbarrow a relaté cette tentative audacieuse d'élargir les ondes au grand public : « On était douze dans le préfabriqué. Je suis sorti, et mes collègues ont allumé la radio. On m'a demandé de patienter jusqu'à ce que le présentateur s'adresse à moi. Quand j'ai répondu, mes potes ont tapé au carreau pour me dire : "C'est toi ! C'est toi !" »

Le journaliste, James Naughtie, est allé droit au but : « Allez-vous démissionner à cause de cette affaire ? »

Sans se démonter, Mr Leatherbarrow a annoncé qu'en effet, il « était prêt à démissionner ».

Mr Naughtie a demandé : « Cela signifie-t-il que vous voudriez voter contre, mais que vous ne pensez pas en avoir les moyens, et qu'il vous faudrait démissionner pour cela ? »

Mr Leatherbarrow a répondu : « Si je n'ai pas le choix, ouais. Je veux dire, le principal, le plus gros problème depuis le début, c'est les bacs à sel. »

Il venait d'introduire ainsi l'épineuse question du manque de bacs à sel en cas de verglas. Ce problème, qui ne trouve que peu de temps d'antenne dans les médias des grandes villes, tenait beaucoup à cœur à tous ses collègues dans le préfabriqué. À ce moment-là, ça a coupé.

« Je crois que nous avons perdu Michael Crockart, a dit Mr Naughtie. Je vais donc me tourner vers notre correspondant politique, Iain Watson, en direct de Westminster. » Ils ont analysé l'interview et noté la preuve « évidente » de « scissions grandissantes » au sein du parti.

Plus tard dans l'après-midi, l'*Evening Standard* de Londres a publié un article qui lisait : « Nick Clegg, le vice-Premier ministre, a aujourd'hui fait face à une situation de crise à grande échelle concernant les frais de scolarité, alors qu'un député de son parti, les libéraux-démocrates, a préféré quitter le gouvernement de coalition plutôt que de renoncer à ses principes. »

« La démission, c'est peut-être sa meilleure option », a déclaré Mr Leatherbarrow, dont l'opinion s'est affermie au cours de l'après-midi. « Il y a trop de gens prêts à retourner leur veste dans tous les sens pour suivre la volonté des autres. Ce n'est plus possible ! »

Ce n'est pas la première fois qu'on le contacte à la place du député. « Il y a quelques semaines, j'ai reçu un coup de téléphone destiné à Mr Crockart qui me confirmait ma réservation au restaurant et me demandait si je voulais manger du porc. » Mr Leatherbarrow a répondu que le porc conviendrait parfaitement, à condition qu'il soit bien cuit.

DE L'IMPORTANCE DES MAUVAISES RÉPONSES

La plus mémorable de tous les candidats à *Qui veut gagner des millions* s'appelait Michelle Simmonds, une réceptionniste dans un hôtel de Luton qui est rentrée chez elle les mains vides en février 2001 et a quitté le pays quand l'émission a été diffusée.

Le premier tour consiste en général en une question facile destinée à s'assurer que personne ne reparte bredouille. Mrs Simmonds a remis en cause ce concept lorsqu'on lui a demandé lequel des titres suivants avait été composé par Jean-Sébastien Bach : Était-ce (A) « L'air sur la corde de *sol* », (B) « La brise sur la ficelle de *sol* », (C) « Le vent sur le câble de *sol* » ou (D) « La bourrasque sur le cordon de *sol* » ? Elle a utilisé un joker.

Son heure de gloire est arrivée quand on lui a demandé à quelle catégorie animale s'apparentaient les archevêques : (A) « Les carnivores », (B) « Les rongeurs », (C) « Les primates » ou (D) « Les marsupiaux ». Elle a rapidement tourné autour de la réponse C, mais a fini par la juger ridicule et s'est décidée au dernier moment pour les « marsupiaux ». « Je n'arrive pas à croire que vous ayez fait ça », lui a dit le présentateur, Chris Tarrant, qui trouve les questions faciles uniquement parce qu'il a toutes les réponses devant lui. Lorsque Mrs Simmonds a expliqué qu'elle n'aurait jamais imaginé qualifier un archevêque de primate, Mr Tarrant a répondu : « Si je peux me permettre, ne le traitez pas de marsupial non plus. »

9

LE SPECTACLE CONTINUE

« Ma réputation grandit à chaque échec. »

George Bernard Shaw

LA PIRE SCÈNE D'OPÉRA

Jamais les possibilités d'une scène en pente n'ont été explorées de façon aussi innovante qu'au Wexford Opera Festival de 1979, lors de la célèbre mise en scène de *La Vestale* de Spontini. L'action se déroule dans un temple de Vesta. On avait choisi de recouvrir le sol de Formica, ce qui certes évoque un peu le marbre, mais est également dangereusement glissant. L'idée consistait à asperger la scène de jus de citron pour que les pieds des chanteurs adhèrent au sol, qui je le rappelle était en pente.

Selon une légende locale, une femme de ménage, outrée de l'état de la scène, l'avait entièrement récurée en un après-midi, contribuant ainsi à créer la chorégraphie la plus libre et la plus inventive du siècle sur une scène d'opéra.

Le rideau s'est levé, et le général romain Licio a fait une entrée magistrale : il a arpenté la scène, puis il est tombé sur le dos et s'est mis à glisser vers les projecteurs. Sans cesser de chanter, il s'est relevé. Après plusieurs courageuses tentatives de revenir au fond de la scène, il a décidé de rester à sa place, en se disant sûrement que de toute façon le prochain personnage à faire son entrée, son ami Cinna, le rejoindrait rapidement au niveau des projecteurs.

Cinna est arrivé en gesticulant et a dévalé la scène pour venir percuter son partenaire à pleine vitesse. Le livret indique qu'ils sont supposés « s'étreindre amicalement », ce qu'ils ont largement réussi puisqu'ils se sont cramponnés aux bras l'un de l'autre en glissant vers la fosse d'orchestre.

Ils ont évité la catastrophe à la dernière seconde et longé le bord de la scène avec précaution « comme deux alpinistes qui cherchent à contourner une crevasse », d'après le critique d'opéra Bernard Levin, qui observait la scène avec un plaisir grandissant.

Les deux hommes, qui chantaient toujours et restaient agrippés l'un à l'autre, ont préféré atteindre un des piliers du temple qui portait la flamme de Vesta, situé à un mètre d'eux et solidement ancré au sol.

À ce moment-là, l'entrée du chœur a considérablement amélioré les choses.

Embrassant parfaitement leur rôle, ils ont décidé de se rapprocher aussi du pilier fixe, qui commençait à être très encombré. Heureusement, ce chœur de centurions, de gladiateurs et de vestales a choisi de former une « guirlande de soutien mutuel », toujours d'après Mr Levin, qui partait du pilier et s'étalait sur toute la scène ; tous s'accrochaient les uns aux autres jusqu'à ce que chacun trouve sa place. Les spectateurs ont été si émus par cette prestation que certains pleuraient et d'autres avaient du mal à respirer.

L'héroïne elle-même, la prêtresse Giulia, a fait preuve d'un superbe sens de l'improvisation : elle a patiné jusqu'aux coulisses et balancé ses chaussures. À son retour sur scène, elle s'est rendu compte que ça n'arrangeait rien, alors elle est ressortie pour enlever ses collants.

L'acte s'achève par « de longues danses triomphales », qui ont rarement été aussi mémorables.

LE PIRE SOUFFLEUR

Issu d'une famille de comédiens, Jason Connery a eu la chance de recevoir de nombreux conseils en art dramatique quand il était petit. Sa mère, l'actrice Diane Cilento, lui a beaucoup vanté l'importance des pauses dramatiques pour rendre son personnage plus expressif. Il a fait bon usage de ces recommandations au cours d'une mémorable performance lors de la production de la Gordonstoun School Drama Society du *Voyage du pèlerin*.

Il est entré en scène dans le rôle du monstre Apollyon, couvert d'écailles de poisson et superbement féroce. Il marquait certaines de ces fameuses pauses à l'incroyable efficacité, sauf que chaque fois le souffleur intervenait et lisait sa réplique. Le monstre s'est énervé de plus en plus, jusqu'au moment où il est sorti de scène pour aller lui en coller une.

Le souffleur a perdu l'équilibre, est tombé de son tabouret et a lâché le texte.

Le jeune acteur venait de remonter sur scène en grognant lorsqu'il a oublié sa réplique. Le souffleur, toujours au sol avec son livre fermé, n'arrivait pas à retrouver la page. En a découlé la pause parfaite, pleine, riche et résonnante, suffisamment longue pour satisfaire la mère du comédien.

LA COMÉDIE MUSICALE LA MOINS APPROPRIÉE

Décrite par la critique comme « du grand n'importe quoi », « vouée à l'échec » et « le triomphe du mauvais goût », *The Fields of Ambrosia* était si particulière qu'en février 1996 les producteurs ont proposé de rembourser les spectateurs qui partaient après le premier acte. En réalité, personne n'a accepté cette offre car tout le monde avait entendu parler de la superbe scène finale où, après avoir tué beaucoup de gens, le héros — un bourreau — se fait attacher à sa propre chaise électrique. Il monte alors au paradis en chantant « Faites que ma mort illumine la fête », avec sa petite amie récemment électrocutée, tous deux vêtus de robes de bal.

« J'y suis allé deux fois », a raconté aux journalistes un certain Dave, de Hornchurch. « C'est le pire truc que j'aie jamais vu. J'ai dit à tous mes amis de venir. Vous avez déjà vu la fin ? C'est stupéfiant ! »

La comédie musicale a été écrite par un « jeune compositeur insomniaque » appelé Martin Silvestri et par le comédien-librettiste Joel Higgins, qui avait décidé à fort juste titre que l'histoire d'un bourreau qui voyage dans le sud profond des États-Unis avec sa chaise électrique portative constituerait une bonne trame pour une comédie musicale. « Un instant vous êtes là/l'instant d'après vous êtes parti/ Tout ça grâce à la chaise sur laquelle vous êtes assis » : voici un exemple parmi d'autres des remarquables paroles de l'œuvre.

Évidemment, les financiers se sont précipités pour soutenir une production de ce calibre. Après « quelques essais dans différents hôtels », la première a eu lieu à l'Aldwych Theatre, dans le prestigieux West End de Londres. Les critiques ont été particulièrement marqués par une scène où le chœur de prisonniers se fait molester par des matons qui agitent des matraques.

LE PIRE CONCERT

Commandée en 1749, la *Musique pour les feux d'artifice royaux* de Haendel a surpassé toutes les attentes la première fois qu'elle a été jouée en concert. Des artisans et des pyrotechniciens sont venus de toute l'Europe pour le spectacle. On a demandé au responsable de la scénographie de l'Opéra de Paris de construire un immense temple dorique à Green Park, à Londres, dans lequel la prestation aurait lieu. Doté de marches, de colonnes et de coursives, le bâtiment de cent vingt mètres de long comprenait une centaine de canons, un bas-relief de George II et un mât de soixante mètres de haut surmonté d'une représentation allégorique du soleil.

Attirée par la promesse d'un feu d'artifice, une large foule s'est amassée, et personne n'a été déçu. Le spectacle pyrotechnique a rapidement causé plusieurs départs de feux dans le parc, le temple a entièrement brûlé et les organisateurs en colère ont commencé à dégainer leurs épées. Haendel a lui-même remarqué après coup qu'« il aurait mieux valu éviter une telle créativité ».

LE CIRQUE LE PLUS DÉCEVANT

Les admirateurs du Bob's Circus, cirque des années cinquante, en chantent encore les louanges aujourd'hui. Dans un article intitulé « Le pire cirque du monde », le magazine *Legends of the Midwest* écrivait : « Jamais pire cirque n'a voyagé de bourgade en bourgade. Leur zèbre sans rayures s'est avéré être un grand chien et les dompteurs de lions étaient en fait des enfants dans des cages avec des chats domestiques pour leur donner l'air plus imposants ».

Cependant, tout cela n'est rien comparé au cirque ambulant qui est arrivé dans la ville biélorusse de Vitebsk en janvier 2011 avec son spectacle du Nouvel An.

Les affiches annonçaient depuis des semaines « des jongleurs, des nains, des héros fantastiques, des animaux exotiques » et un final impressionnant. On parlait même d'ours noirs ainsi que de crocodiles, de singes et de véritables orques.

Les médias locaux ont fait remarquer que les orques étaient des créatures fictives, mais cela n'a pas empêché les milliers de billets de se vendre comme des petits pains.

Lors de la première et dernière représentation le 2 janvier, il n'y avait qu'un seul animal exotique, pas d'ours noir, une pénurie complète de nains et, plus important, pas le moindre orque. Les acrobates n'arrêtaient pas de tomber de leurs bicyclettes et les jongleurs lâchaient constamment leurs accessoires. « Il y avait quelques caniches et un crocodile », a raconté un dénommé Igor Kalmuk, qui se trouvait dans l'assistance.

Pour la première fois dans l'histoire du cirque, le public a appelé la police et insisté pour que les artistes soufflent dans un alcootest. « Comment expliquer autrement que l'un d'entre eux soit tombé trois fois de son vélo en deux minutes ? » a demandé un spectateur à la *Komsomolskaïa Pravda*.

Lors du glorieux final, les policiers sont arrivés et ont fait passer le test aux saltimbanques, qui étaient en fait tous sobres.

Ensuite, M. Kalmuk est allé en personne voir la directrice du cirque. Elle a répondu que les animaux « avaient été arrêtés à la douane » et que les orques se trouvaient « en périphérie de Moscou ».

Un porte-parole de la police biélorusse a annoncé qu'une enquête avait été ouverte pour déterminer s'ils avaient enfreint la loi, et si oui comment.

LE PIRE CANDIDAT À L'EUROVISION

La Norvège est le champion incontesté de l'Eurovision : non seulement elle a fini dernière à dix reprises, ce qui est un record, mais elle est également repartie quatre fois avec « zéro point ». Cependant, ces pur-sang de la chanson européenne n'ont pas forcément proposé la meilleure performance individuelle.

Le résultat nul le plus spectaculaire jamais enregistré dans l'émission a été obtenu par la chanson britannique « Cry Baby », en 2003. Dans *Zéro point*, un livre qui rend hommage aux participants qui n'ont rien marqué lors de la compétition, Tim Moore la qualifie de « pire bruit jamais entendu sur la scène de l'Eurovision en quarante-sept ans d'histoire ».

Même l'*Histoire officielle de l'Eurovision* la décrit comme « la pire chanson de l'histoire de la compétition à ce jour », notamment parce qu'elle a été la première à obtenir zéro point sur un panel élargi à vingt-six pays.

Le duo pop Jemini, originaire de Liverpool, a offert une prestation formidable. Ils cabriolaient tous deux avec un abandon impressionnant et leur sonorité unique a été décrite avec brio par les critiques musicaux comme « pas juste ».

Ce manque de justesse a été attribué au fait qu'ils n'entendaient pas l'accompagnement à cause de problèmes techniques. Après le triomphe, Chris Comby, membre du duo, a déclaré : « C'était l'une de nos meilleures performances : la prestation d'une vie. »

LA COMÉDIE MUSICALE ANNULÉE AVANT LA PREMIÈRE

La légendaire comédie musicale de 1996 adaptée de *Petit déjeuner chez Tiffany* a eu la particularité d'être annulée avant la première parce que le producteur ne voulait pas « infliger aux critiques et au public une soirée atrocement ennuyeuse ». Ce qui est fascinant à propos de ce spectacle, c'est qu'il n'a jamais vraiment pris forme. De nombreuses œuvres finissent par prendre forme, mais pas celle-là. Pourquoi, me demandez-vous ?

Eh bien, le principal coup de génie a consisté à remplacer le personnage central, Holly Golightly, la joyeuse fêtarde du roman de Truman Capote, par une vierge effarouchée puis, plus tard, par une prostituée alcoolique.

Le temps que le librettiste écrive des chansons joyeuses pour une petite friponne sournoise, le personnage de Holly avait changé et vivait comme une nonne. Le rôle était interprété par Mary Tyler Moore, une actrice très appréciée en tant qu'épouse idéale, charmante et douce, à la télévision. Elle devait alors chanter des chansons telles que « Les filles sages vont au paradis, les autres vont où elles veulent », et « Vachement chaude ». Pendant ce temps, le metteur en scène passait son temps chez le dentiste pour une opération importante et ne pouvait pas parler pour tirer les choses au clair.

Il n'y avait pas de deuxième acte, alors ils en ont écrit un en cours de route, avant de décider qu'il fallait reprendre tout le script. Holly était alors carrément devenue une vraie tapineuse et les critiques de Philadelphie ont été consternés de voir Mary Tyler Moore jurer comme un charretier enragé.

Après avoir flanqué à la porte deux metteurs en scène, deux librettistes, et balancé le livret et la partition originaux, le producteur, David Merrick, a demandé au dramaturge Edward Albee d'écrire une nouvelle version.

« Ils avaient monté une comédie musicale médiocre, sans grande prétention, peu risquée et, selon moi, extrêmement ennuyeuse, qui serait probablement restée un an à l'affiche à Broadway, a raconté Mr Albee. J'ai réussi à la transformer en un désastre qui n'a jamais vu le jour. »

Le metteur en scène n'était pas content du nouveau script et a démissionné en expliquant que ce n'était pas son genre de spectacle. Pendant ce temps, Mr Albee a décidé qu'il ne l'aimait pas tellement non plus et a tout repris depuis le début.

Après tous les changements, dont l'introduction de plusieurs scènes fantastiques, le spectacle était devenu un drame musical très sérieux qui commençait par un virulent monologue du personnage de Mag Wildwood, qui finissait étendue et en larmes sur la scène.

Le tout durait quatre fabuleuses heures. Après quatre avant-premières, le producteur a décidé que cette comédie musicale avait atteint son apogée et, malheureusement, il a arrêté les frais.

LA PIRE VERSION DE BLANCHE-NEIGE ET LES SEPT NAINS

Submergé par les plaintes après la production de *Blanche-Neige et les sept nains* à Noël 2004, le théâtre Altmark à Stendal, en Allemagne, a clairement indiqué qu'à cause de contraintes budgétaires il n'avait pu avoir que quatre nains.

Suzanne Kreuzer, porte-parole du théâtre, a déclaré : « Nous sommes une petite compagnie, alors nous avons attaché deux marionnettes en costume de nains sur le mur du fond. L'acteur qui joue le prince se met parfois à genoux et se met en ligne avec eux, mais il ne peut le faire que quand il ne joue pas son rôle. »

Quand des enfants lui ont demandé pourquoi il n'y avait parfois que six nains sur scène, l'ingénieuse Ms Kreuzer a répondu : « Le septième était coincé à la mine, à faire des heures supplémentaires. »

LA PIRE SÉANCE DE CINÉMA POUR ENFANTS

Une séance de cinéma pour enfants au Connaught Theatre de Worthing a fait beaucoup de bruit, un samedi matin de mars 1998. Il se trouve qu'au lieu de diffuser *The Rainbow*, un film avec Bob Hoskins qui raconte le voyage de quatre enfants et un chien sur un arc-en-ciel magique, le projectionniste avait passé *The Rainbow*, un film de Ken Russell adapté d'un roman torride de D.H. Lawrence.

« Tout allait bien pendant les dix premières minutes, puis ils ont commencé à jurer et à se déshabiller », a raconté Michelle Provette, qui avait emmené son fils Jamie et neuf de ses amis pour son septième anniversaire. Dans la salle se trouvaient deux autres groupes fêtant un anniversaire, pressés de voir Bob Hoskins et son chien.

« J'ai été estomaquée par ce qu'on a vu, a dit Mrs Provette. Des scènes d'amour lesbien, des foutues scènes de nu intégral. » Une troupe de parents furieux s'est précipitée dans le hall pour prendre à partie le directeur de l'établissement.

« Un des papas a fini par se lever, taper dans ses mains et suggérer que tout le monde s'en aille. »

LE PIRE COUP DE PUB POUR UN LANCEMENT DE FILM

Pour la première new-yorkaise du *Pinocchio* de Walt Disney en 1940, le studio voulait faire quelque chose d'un peu spécial. C'est ainsi que onze nains déguisés en Pinocchio devaient faire des cabrioles sur l'auvent du cinéma. Pour les encourager, on leur a fait monter un peu d'alcool pendant la pause déjeuner, et à trois heures de l'après-midi « les onze nains se trouvaient sur le toit, saouls et nus, à roter et jouer aux cartes ». La police est arrivée avec des échelles et les a embarqués dans des taies d'oreiller. À l'époque, on savait vraiment lancer un film tous publics.

HOMMAGE À ED WOOD

« Apprenez à regarder de mauvais films.
Ils sont parfois sublimes. »

ADO KYROU, *Le Surréalisme au cinéma*

LE PIRE RÉALISATEUR

Ed Wood est l'un des plus grands génies de notre domaine. De nombreux réalisateurs souffrent d'une divine insatisfaction à l'égard de leur œuvre, ce qui ne fait qu'ennuyer tout le monde, mais Ed Wood était pleinement ravi de tout ce qu'il faisait. Être heureux dans son travail, c'est très important, et malgré tous les dialogues ratés et les chutes d'accessoires, Ed Wood ne demandait presque jamais à faire une deuxième prise.

Travesti fétichiste de l'angora, Mr Wood filmait trente scènes par jour là où la plupart des réalisateurs en tournent une seule. Il ne dirigeait jamais les acteurs ni ne discutait des motivations des personnages. C'était en partie dû au fait qu'il ignorait parfaitement ces motivations, et en partie parce qu'il était trop occupé à courir partout en criant : « Plus de fumée ! Plus de fumée ! » Il voulait simplement que les acteurs récitent leur texte, ce qui explique la formidable absence d'expression sur le visage de l'un quand l'autre parle.

Ce formidable artiste bénéficiait d'un sacré manque de conscience de soi, qui a rendu tout son œuvre possible. Sa méthode de travail unique impliquait une alternance de scènes fraîchement tournées et d'images d'archives qui n'avaient rien à voir avec l'histoire. Dans *Louis ou Louise* (1953), son film phare sur le travestissement, le héros, interprété par Mr Wood lui-même, explique à sa partenaire Barbara pourquoi elle ne trouve jamais son pull en angora. Le réalisateur a choisi ce moment pour inclure des images d'une charge de bisons, et superposer là-dessus Bela Lugosi assis dans un fauteuil, dans le rôle du marionnettiste de l'humanité entière, qui déclame : « Tirez les ficelles ! Tirez les ficelles ! Une erreur a été commise. Il me faut raconter l'histoire. »

Il a été le premier réalisateur à utiliser des objets en lieu et place des effets spéciaux qu'il aurait aimé s'offrir. Ainsi, un agrandisseur photo est devenu une machine atomique à rayons mortels, et le sempiternel rideau de douche servait à presque tout, du commissariat bondé au cockpit d'avion.

Sa réputation repose sur six films dont *Night of the Ghouls* (1959), un film d'horreur qui ne fait sacrément pas peur, dans lequel des acteurs muets et dénués d'expressions regardent une trompette flotter dans les airs grâce à des ficelles apparentes pendant qu'un homme grimaçant parle au ralenti sous son casque colonial. Dans *La Fiancée du monstre* (1955), Lugosi joue un savant fou qui se transforme en surhomme atomique. Il dévie les balles des policiers en faisant des mimiques et se bat contre un poulpe en caoutchouc flasque volé aux studios de Republic Pictures.

Pour produire un travail d'un tel calibre, Mr Wood a rassemblé autour de lui une équipe formidable, qui lui servait de troupe. Il y avait Tor Johnson, un catcheur de cent quatre-vingt kilos qui brisait régulièrement le siège des toilettes de Mr Wood et est plus tard devenu célèbre grâce à un masque de Halloween à son effigie. Il y avait aussi la splendide Vampira, une animatrice télé spécialiste des films d'horreur qui s'habillait comme une sirène dominatrice sortie tout droit de la Famille Addams, et Criswell, le voyant qui se trompait tout le temps, dans son propre rôle (voir le chapitre 10).

Après Brecht et avant Jean-Luc Godard, Mr Wood nous rappelle que « ce n'est qu'un film, et non la vraie vie ». Méprisant les métaphores de la narration classique, il a surmonté tous les obstacles, y compris sa propre incapacité à donner dans le conventionnel. L'édition 1996 du *Cult Flicks and Trash Pics* a dit de son film *Plan 9 from Outer Space* (1959) : « Le film est devenu si célèbre pour sa nullité qu'il dépasse la critique. »

Pour apprécier le génie de Mr Wood en tant que scénariste, voir plus bas.

LE PIRE SCÉNARISTE

En véritable homme de la Renaissance, Ed Wood jouait dans les films qu'il réalisait. Par prudence, il en écrivait également les scénarios. Toute sa vie, il s'est répandu en mots et en images merveilleusement illogiques. Kathy, sa femme, disait : « Eddie écrivait les choses avec le plus grand sérieux, mais elles ne sortaient jamais comme telles. » Il s'est frotté à tous les genres et a partagé son fétichisme de l'angora avec au moins un personnage de chaque film.

Selon un documentaire de BBC 2 sur sa vie et son œuvre, intitulé *Look Back in Angora*, le flux de conscience des dialogues de Mr Wood était « comme une demande de rançon fabriquée avec des mots découpés au hasard dans le mode d'emploi d'un appareil électronique coréen ».

Voici quelques-unes de ses meilleures répliques :

« Il est aussi doux qu'une cuisine. »

« J'imagine que j'ai vu tout ce qu'un policier peut voir dans sa vie, et pourtant je me demande si nous n'arrêtons jamais d'apprendre. D'apprendre des choses sur ce que l'on voit. D'essayer d'en apprendre plus sur… euh… (Pause) une once de prévention. »

« Personne ne veut voir un homme danser. »

« On commet des erreurs, mais il n'y a pas d'erreur dans l'esprit d'un homme. »

Un chirurgien plasticien : « Parfois, la chirurgie plastique me semble (pause) très, très compliquée. »

> « Je n'ai qu'à te toucher avec mon doigt, et cela signifierait la fin de toi. »
>
> « Cet après-midi, nous avons eu une longue conversation plus tôt dans la journée. »
>
> « Le monde est un endroit étrange. Toutes ces voitures qui vont quelque part, transportant des humains qui vivent leur vie. »

Il n'était pas seulement doué pour les répliques isolées. Il savait aussi écrire de véritables dialogues :

> « Nous sommes au vingtième siècle.
> — Ne comptez pas là-dessus. »

LE PIRE FILM

Élu pire film du monde par le public du Golden Turkey Award en 1978, et vainqueur du festival du pire film de New York en 1980, *Plan 9 from Outer Space* n'a toujours pas de rival, même après un demi-siècle. Quand on leur a demandé de relever les défauts de cette œuvre incomparable, des étudiants en cinéma de troisième cycle en ont compté quatre-vingt-deux. Ce film a tout pour lui, y compris une vedette morte après avoir seulement tourné deux scènes.

Des extraterrestres d'une lointaine galaxie essaient de sauver les habitants de la Terre de la menace qu'ils représentent pour eux-mêmes en ressuscitant le cadavre d'un vieil homme vêtu d'une cape — qui ressemble à Dracula mais ce n'est pas lui — ainsi que sa jeune épouse inexplicablement glamour et un inspecteur de police trop lourd pour ramper hors de sa propre tombe. Un ancien pilote de l'armée donne un coup de poing au chef des aliens pacifistes et une soucoupe volante explose. Voilà qui résume le scénario, mais il y a bien plus encore. La rupture consentie de l'incrédulité n'a jamais été mise à aussi rude épreuve.

Pour d'autres réalisateurs, la mort de l'acteur vedette Bela Lugosi aurait constitué un obstacle insurmontable, mais Mr Wood était très ingénieux. Il a réussi un coup de maître en le remplaçant par le chiropracteur de sa femme, qui tient une cape devant son visage tout au long du film. Même si le chiropracteur ne ressemblait en rien à Mr Lugosi et était sensiblement plus grand, sa femme, Margaret, a remarqué : « Ils ont tous les deux les oreilles pointues. »

Mr Wood a écrit le script puis obtenu le financement auprès de la Première Église baptiste de Beverly Hills, à la condition qu'il se fasse baptiser dans une piscine avec toute son équipe, vêtus de longues robes blanches.

Le plaisir que procure cette extraordinaire production tient à ce qu'elle combine une intrigue épique avec des moyens incroyablement limités. Les extraterrestres jouaient avec les cheveux gominés et l'accent d'Oxford, vêtus de pyjamas de soie, et les soucoupes volantes étaient fabriquées avec des jouets et pendaient avec une confiante autorité au bout de ficelles nettement visibles.

10

LES CHOSES DU CŒUR ET DE L'ÂME

« Mes imperfections et mes échecs
sont des bénédictions divines
tout autant que mes succès. »

Gandhi

SUBVENIR À SES BESOINS SPIRITUELS

UN GOUROU QUI NOUS RESSEMBLE

Le suprême chef de secte, Hon-Min Chen, a annoncé à ses adeptes que Dieu apparaîtrait sur une chaîne de télé-achat de Dallas à minuit une le 25 mars 1998. Dans cette divine émission, Dieu révélerait son intention de venir en personne à dix heures du matin le mardi suivant dans le jardin de Mr Chen au 3515 Ridgedale Avenue à Garland, Texas, où un autel avait été dressé à l'aide de cinq pneus, un peu de contreplaqué et quelques lanternes.

Sûrs de leur prophète, les cent cinquante membres de la God's Salvation Church, principalement des Texans taïwanais qui portaient des chapeaux de cow-boys, se sont rendus au domicile de leur gourou pour regarder la transmission télévisée capitale. Ils n'ont eu droit qu'aux parasites qui indiquent la fin des programmes sur la chaîne.

Dieu n'est pas apparu le mardi suivant, et il n'a pas non plus traversé de mur comme promis. Mr Chen, fortement contrit, a donné une conférence de presse au cours de laquelle il a expliqué que ses prophéties n'étaient que des inepties et il a recommandé à tout le monde de ne pas croire un traître mot de ce qu'il dirait à l'avenir, avant de proposer aux journalistes un créneau de dix minutes durant lesquelles ils pourraient le crucifier ou le lapider.

Puisque personne n'a accepté cette offre, il s'est rendu dans une camionnette de location au lac Ontario, où Dieu est censé venir le chercher en soucoupe volante, avec ses fidèles, à la fin des temps.

Malgré ces déboires, certaines de ses ouailles ont déclaré qu'elles étaient toujours très attachées aux enseignements de Mr Chen. Celui-ci croit également que le Christ est revenu sur Terre sous la forme d'un Canadien de vingt-huit ans et d'un mètre quatre-vingts qui ressemble étrangement à Abraham Lincoln et réside actuellement à Vancouver.

LE PIRE SERMON

Le tonnerre grondait furieusement pendant le prêche du révérend Don Hardman, un évangéliste itinérant, à la Première Église baptiste de Forest, dans le comté de Hardin en Ohio, en juillet 2003. Alors qu'il s'adressait à l'assistance sur le thème « Dieu nous parle à travers la foudre », il a levé les yeux au ciel, brièvement parlé de pénitence et demandé à Dieu de lui envoyer un signe.

Quelques instants plus tard, un éclair est venu frapper le clocher, a fait sauter la sono et mis le feu à l'église ; dommages estimés à 20 000 dollars. D'après un de ses fidèles : « Il a demandé un signe, et il l'a eu. »

LE PIRE MISSIONNAIRE

Au cours de ses trente années de mission en Afrique, l'explorateur David Livingstone n'a converti qu'une seule personne au christianisme, et il l'a plus tard excommuniée lorsqu'elle est partie créer sa propre religion.

Convertir le roi Sechele de BaKwêna a été une sorte de coup de maître, mais qui a causé quelques problèmes. D'abord, il a perdu sa capacité à faire tomber la pluie dès qu'il a été baptisé, et s'en est ensuivie une période de sécheresse. Puis il a réfléchi à deux fois au fait d'abandonner toutes ses femmes pour une vie monogame qui ne le tentait vraiment pas.

Lorsque le roi s'est remis à « honorer ses épouses », une satisfaction grisante s'est répandue à BaKwêna, mais Livingstone, furieux, a quitté les lieux et n'a plus jamais incité quiconque à se convertir au cours de ses voyages africains. À peine excommunié, le roi a fondé sa propre Église, qui combinait un christianisme musclé avec une réelle compréhension de la polygamie et des incantations liées à la pluie. La sécheresse a disparu peu après.

LE PIRE VOYANT

L'Extraordinaire Criswell était un voyant connu pour ses prédictions follement inexactes. De son vrai nom Jeron Criswell King, il a commencé plutôt modestement dans les années soixante et prédit qu'une « vague de cannibalisme » s'emparerait de Pittsburgh. Il a ensuite trouvé ses marques et annoncé que Londres serait complètement annihilé par une météorite le 18 octobre 1988 ; qu'un rayon mortel de l'espace toucherait Denver, transformerait le métal en caoutchouc et causerait d'horribles accidents dans les parcs d'attractions ; et que le premier Congrès interplanétaire se tiendrait le 10 mars 1990 dans le centre des congrès de Las Vegas, et réunirait les dirigeants de Mars, Vénus, Neptune et de la Lune. « Le gouverneur Sawyer prononcera le discours d'ouverture », a déclaré Criswell, qui ne faisait que s'échauffer.

Évidemment, ses prédictions étaient relayées dans toute l'Amérique et il a eu le droit à sa propre émission télévisée, *Criswell Predicts*, où il apparaissait vêtu d'un extravagant smoking à paillettes et les cheveux coiffés en accroche-cœurs. Il possédait également un cercueil dans lequel il prétendait dormir.

Il s'adressait aux spectateurs d'une effrayante voix de stentor : « L'inconnu, le mystère et l'inexplicable vous intéressent, disait-il. C'est pourquoi vous êtes là. » Selon une de ses prophéties les plus mystérieuses et inexpliquées, toutes les femmes d'une grande ville américaine devaient perdre leurs cheveux, ce qui conduirait la région entière à vivre sous la loi martiale et « plusieurs coiffeurs seront assassinés ».

Sa prédiction la plus célèbre reste celle qui stipulait que les États-Unis d'Amérique seraient balayés par un nuage de parfum aphrodisiaque inventé par erreur par un scientifique qui essaierait d'améliorer un spray antiseptique. Submergée par une passion débridée, l'Amérique devrait fermer ses frontières. « Je prédis que de nombreux chefs d'État étrangers trouveront des excuses pour venir aux États-Unis lors de prétendues visites diplomatiques et leur comportement sera incroyablement choquant. » Un diplomate espagnol en particulier serait renvoyé en disgrâce dans son pays.

À la ville, il était le voyant personnel de l'actricc Mae West et lui a dévoilé qu'elle deviendrait la première femme présidente des États-Unis, à la suite de quoi elle se rendrait sur la Lune en fusée accompagnée de Criswell et de George Liberace, le frère du célèbre pianiste.

Il s'est marié avec une ancienne danseuse de cabaret clandestin appelée Halo Meadows, décrite par un voisin comme « plutôt folle ». Mrs Criswell possédait un énorme caniche royal du nom de Buttercup, qu'elle prenait pour la réincarnation de son cousin Thomas.

Quand on l'interrogeait sur ses prédictions, Criswell répondait : « Je ne suis pas sûr de ce qu'elles veulent dire, mais elles sont toutes fondées sur des révélations de mon subconscient. » Il ajoutait : « Je ne suis pas vraiment extraverti, mais simplement imperméable à toute forme de critique. » À ce jour, une entreprise américaine vend toujours des aimants pour frigo, des strings et d'autres objets de la vie quotidienne floqués de sa célèbre devise : « Je vois tout. »

LA QUÊTE DE PERFECTION SPIRITUELLE LA MOINS RÉUSSIE

En août 2006, Jim Nelson a décidé qu'il allait atteindre le stade d'« être parfait » via le jeûne. Pour ce faire, il a abandonné son travail dans l'hôtellerie et a déménagé dans la forêt près de Whistler Village, au nord de Vancouver. Il avait déjà jeûné pendant trente jours lorsqu'il s'est mis en tête d'aller jusqu'à soixante pour être encore plus parfait.

Sa période d'ascétisme a pris fin le 19 décembre quand il a marché jusqu'au village, lancé un caillou dans la fenêtre d'un luxueux club de golf, qu'il s'est introduit à l'intérieur, a dévalisé le réfrigérateur, s'est goinfré de chili, de fromage frais et de tortillas, puis à ouvert tous les cadeaux de Noël à la recherche de chocolats avant d'être frappé de stupeur et de tomber dans les pommes sur le sol de la cuisine, où le propriétaire l'a trouvé quelques heures plus tard au milieu des papiers d'emballage.

Il a déclaré : « L'animal en moi a pris le dessus. »

LA PIRE EXPERTISE FENG SHUI

Au moment de signer l'acte de vente d'un cottage de quatre chambres à East Morton, dans le West Yorkshire, en 1999, les acheteurs se sont rétractés parce qu'une épouvantable expertise feng shui avait suggéré que cette acquisition leur porterait malchance. Elle stipulait que la maison était non seulement « placée sur une ligne de stress géopathique » mais aussi qu'elle souffrait du « chi négatif des prédécesseurs » à cause de la dure vie des pauvres travailleurs d'usine qui y vivaient auparavant. Encore pire : un mur de pierre devant la maison provoquait un « blocage de chi » et la ligne électrique « un mauvais feng shui qui pourrait affecter votre fille aînée en particulier ».

Andrew Snape et sa petite amie Claire Shuttleworth ont donc acheté le cottage à leur place. Juste après avoir emménagé, ils ont gagné 100 livres à la loterie, Ms Shuttleworth a trouvé un nouveau travail, Mr Snape a reçu une promotion et la valeur de la maison a grimpé de 20 000 livres du jour au lendemain. « Nous avons eu une belle période de chance », a dit Mr Snape.

LE LIVRE LE MOINS VENDU

Les éditions Pavilion Books, pressentant l'énorme demande du public, ont publié un ouvrage pour célébrer la visite du pape Jean-Paul II en Grande-Bretagne en 1982. Intitulé *La Visite papale : souvenir officiel*, ce livre avait tout pour lui, notamment un auteur qui avait déjà connu le succès avec sa biographie de Percy Thrower, le premier jardinier télévisé.

Le volume était généreusement illustré de nonnes souriantes, d'enfants qui agitent la main et d'assez de cardinaux pour rassasier les enthousiastes les plus avides. Il y avait quatre images différentes du souverain pontife qui embrassait la piste d'atterrissage, une vue aérienne de son discours devant vingt-cinq mille Polonais à Crystal Palace et une petite photo d'un vieil homme muni d'une pancarte sur laquelle on pouvait lire : « Je veux le toucher. »

Avec une fierté compréhensible, Russell Ash, un des directeurs de Pavilion Books, a déclaré : « J'aimerais proposer la candidature de ce live au titre de l'ouvrage qui s'est le moins vendu de tous les temps. Une centaine de milliers de copies ont circulé dans le pays pendant la visite du pape. On en a vendu six. »

LA MOINS BONNE PRÉDICTION

En 1997, l'*Old Moore's Almanack* a fait une bien étrange prédiction. L'ouvrage augurait curieusement que le prince Charles divorcerait cette année-là : « Un mouvement dans son schéma astral indique cette possibilité. »

Le prince Charles avait en fait déjà divorcé l'année précédente, en 1996, au milieu d'une tempête médiatique internationale impossible à manquer. « Ce n'était qu'une bonne vieille bourde. L'astrologie n'est pas une science exacte », a dit Barry Belasco, éditeur de l'*Almanack*.

LA LETTRE LA MOINS BIEN LIBELLÉE

La lettre la moins correctement libellée jamais reçue, destinée au révérend Ian Gooding de Stanton-by-Dale dans le Derbyshire en mai 1994, provenait d'Ouganda. La singulière missive était adressée à « The Rev Tan Eb-Godding-Same, Stanton-by Dale, Bekesntonica, Mederibys Do 74 Qam, Tel76Keston1/286823/8324884, United Kingdom ».

LE GRAND AMOUR

« Je suis convaincu qu'il est préférable d'échouer dans ce que l'on aime plutôt que de réussir dans ce que l'on déteste. »

George Burns

LE PIRE PÈRE NOËL

En décembre 1997, un petit garçon de deux ans a grimpé sur les genoux du Père Noël d'un centre commercial de Brooklyn et s'est exclamé : « Le Père Noël, c'est papa ! », sur quoi sa mère, qui cherchait ledit papa depuis l'été précédent, lui a tendu les papiers pour la pension alimentaire devant un groupe de lutins effarés. Comme le Père Noël s'est fait la malle à travers le rayon jouets, elle est revenue un peu plus tard, l'a pris par surprise et lui a sauté dessus dans son igloo. Il a fini par être obligé de prendre les papiers. « Il les a glissés dans sa hotte », affirme son ex-femme.

LA PIRE TENTATIVE D'ASSASSINAT DE CONJOINT

Avec l'aide de son amant, Donald, Frances Toto a essayé par sept fois de faire disparaître son mari, Tony, sans qu'il ne se rende jamais compte de rien. La première fois en 1982, Donald l'attendait avec un revolver, mais Tony a tout fait capoter en arrivant par un autre côté.

Pour le deuxième essai, ils ont payé un garçon de quatorze ans pour qu'il tende un fil devant le perron de Tony et l'attende dans les buissons avec une batte de base-ball. Tony a trébuché sur le fil, mais il a cru à une plaisanterie et s'est mis à rire tandis que le garçon paniqué partait en courant. Donald a ensuite essayé de faire exploser la voiture de Tony. « Ça n'a pas marché non plus », a-t-il reconnu, résigné.

Un ami du nom d'Anthony s'est alors retrouvé impliqué : il l'a attendu dans sa chambre et lui a tiré dessus. Le lendemain matin, Tony s'est réveillé un peu mal en point et a demandé à sa femme ce qui se passait. Frances lui a fait croire qu'il avait la grippe. Elle l'a renvoyé au lit et lui a servi une soupe au poulet bourrée de barbituriques.

C'est là que les choses sont devenues sérieuses. Frances,

Donald et Anthony ont décidé d'engager deux tueurs, Ronald et Donald. Selon un plan prémédité, le second Donald a attendu devant la chambre avec une autre batte de base-ball et Ronald est entré et a tiré dans la poitrine de Tony. Ils étaient retournés dans le salon pour discuter salaire avec Frances lorsque Tony est arrivé et a demandé à parler à sa femme en privé. Plusieurs choses commençaient à l'inquiéter.

Frances l'a rassuré et lui a répété que sa grippe lui jouait des tours. Pour son septième et dernier essai, elle lui a resservi de la soupe au poulet et barbituriques, sans réaliser que le médicament ralentissait l'hémorragie interne et maintenait donc Tony en vie.

Deux policiers, qui ont entendu par hasard dans un bar Donald et Ronald discuter de leur journée de travail, se sont précipités à bord de leur voiture de service pour aller retrouver Tony, qui a refusé de les croire quand ils lui ont annoncé qu'on lui avait tiré dessus.

« On s'aime toujours », a déclaré Tony, qui s'est remis avec Frances quand elle est sortie de prison. « Je ne comprends pas pourquoi les gens se séparent pour des broutilles. »

LE PIRE CADEAU DE MARIAGE

Peter Gillings, de Mellis dans le Suffolk, voulait impressionner sa nouvelle épouse et a décidé de lui offrir le cadeau de mariage ultime : toutes les choses qui comptaient le plus au monde pour lui après elle.

En mars 1994, à peine capable de contenir son excitation, il lui a offert un cockpit de bombardier, le cône de nez d'un jet Jaguar, une roue de Flying Fortress, des étuis d'obus, deux missiles Sidewinder désarmés et une sélection de vieux morceaux d'ailes d'une valeur inestimable. Pour prouver que son amour et sa générosité n'avaient pas de limite, il a même ajouté à tout cela une maquette de trois mètres de long du missile Trident, plusieurs vieux uniformes militaires, des épées, des dagues, des baïonnettes, des casques, des fusils, et une grande variété de pistolets de sa propre collection adorée, qui avait pris toute une vie à rassembler.

Cet homme est l'un des derniers grands romantiques, et la réaction de sa femme a été franchement stupéfiante.

Au lieu d'être tout à fait ravie de ces fabuleux cadeaux, Mrs Gillings a demandé le divorce. Elle a plus tard raconté : « J'étais furieuse. Je n'ai qu'un tout petit appartement, et je ne veux pas qu'il devienne une décharge. C'est la ferraille ou moi. »

LES DIVORCÉS LES PLUS PROLIFIQUES

Dans le monde occidental, Glynn « Scotty » Wolfe n'a pas de rival. Ce pasteur baptiste et ancien conseiller conjugal a divorcé vingt-huit fois. « Tout le monde devrait se marier. Je l'ai toujours été », a déclaré Mr Wolfe, qui n'a eu que vingt-six belles-mères parce qu'il a épousé deux de ses femmes deux fois.

Il a divorcé de la vingt-troisième au motif qu'elle avait utilisé sa brosse à dents à lui, et de la vingt-sixième parce qu'elle avait mangé des graines de tournesol au lit.

En 1996, Mr Wolfe, qui gardait en permanence quelques robes blanches dans son armoire au cas où, s'est marié pour la vingt-neuvième et dernière fois avec Linda Essex, la femme la plus divorcée du monde. Elle n'a connu que vingt-six désunions, ce qui témoigne peut-être de la nature plus monogame de la gent féminine.

Connue par le passé sous les noms de Mrs Scott, Mrs Street, Mrs Smith, Mrs Moyer, Mrs Massey, Mrs McMillan, Mrs Beresford, Mrs Chandler, Mrs Essex, Mrs Gourlay, Mrs Chadwick et Mrs Stutzman entre autres, elle est née Linda Lou Taylor à Anderson dans l'Indiana, ville qui se targue de la plus grande boule de peinture séchée du monde. Dans son quartier, elle disait : « Tous les garçons veulent m'épouser. » En 1998, la plupart l'avaient fait.

Elle a cependant dû être sélective, car elle a reçu cent vingt et une demandes. Parmi tous ces maris, il y avait deux homosexuels et un prisonnier borgne. Elle en a épousé un trois fois, et un autre pour seulement trois jours. « On met des panneaux à l'entrée de certaines villes où vivent les gens qui ont battu des records. J'aimerais bien qu'ils en mettent un à Anderson. »

Quand elle est devenue Mrs Wolfe, elle vivait dans une résidence pour retraités et « priait toute la journée ».

Quelques cyniques ont dit qu'ils s'étaient mariés uniquement pour un documentaire télévisé, mais elle a répondu : « Dès que je l'ai vu, j'ai su qu'il me plaisait. »

LE PIRE GESTE ROMANTIQUE

Stephen O'Halloran voulait impressionner sa petite amie, Leslie Pook. Peut-être influencé par la scène du balcon de *Roméo et Juliette*, il est arrivé à son domicile de Fleetwood en mars 1990 sous le couvert de l'obscurité. Équipé d'un bâton pour soutenir les cordes à linge, un seau de poulet du Kentucky Fried Chicken fermement agrippé à la main, il a essayé de sauter à la perche par la fenêtre de sa chambre pendant qu'elle dormait.

Alors qu'il se dirigeait à toute vitesse vers la chambre de Miss Pook, sa perche s'est brisée et Mr O'Halloran s'est écrasé contre le mur. Le doux bruit sourd n'a pas réveillé son amante endormie, mais a suscité l'intérêt du voisin qui a appelé la police. En arrivant, ils ont trouvé Mr O'Halloran qui errait, hébété, dans le jardin.

Quand ils ont remis en question la légalité, la sagesse et la sécurité de son entreprise, l'admirateur de Miss Pook est devenu belliqueux. On l'a alors arrêté et embarqué au poste. Miss Pook est restée endormie tout ce temps.

LE PIRE PACTE DE SUICIDE

Deux Polonais de dix-sept ans, Beata et Kamil, voulaient se marier, mais leurs parents le leur ont interdit. Eux aussi inspirés par Roméo et Juliette, ils se sont rendus chez un pharmacien pour lui demander « le poison le plus violent de toute l'officine ».

Le pharmacien, qui trouvait ça louche, leur a donné à la place une bouteille de laxatif. Ils ont saisi la potion qui scellerait à jamais leur union et sont allés à l'hôtel. Après avoir demandé une chambre économique dépourvue de salle d'eau ou de toilettes, ils se sont enfermés, ont jeté la clé par la fenêtre, avalé l'intégralité du flacon et se sont enlacés sur le lit pour rendre l'âme dans les bras l'un de l'autre.

Du temps s'est écoulé avant qu'ils n'osent appeler le service d'étage. « On a dû désinfecter la chambre par fumigation, a raconté le directeur de l'hôtel. Quand ils sont sortis, le couple a déclaré qu'ils se répugnaient mutuellement et qu'ils annulaient le mariage. »

LA MEILLEURE GAFFE À DES FIANÇAILLES

Officiellement listé comme la meilleure gaffe de fiançailles dans le *Guinness des records*, cet événement fait encore parler de lui cent trente-cinq ans plus tard et a permis de faire entrer le nom de Gordon Bennett dans la langue anglaise.

Fils du fondateur du *New York Herald*, James Gordon Bennett s'est fiancé en 1876 à la riche mondaine Caroline May. L'*Edwardsville Intelligencer* a décrit les luxueuses préparations du mariage, y compris le trousseau de Miss May d'une valeur de 20 000 dollars, importé d'Europe.

De nombreuses personnes ont donc été intéressées d'apprendre que Mr Bennett est arrivé dans un état d'ébriété avancé au réveillon de la Saint-Sylvestre organisé par son futur beau-père. Devant sa fiancée, le père de celle-ci et tous les invités, notre héros s'est mis à uriner dans la cheminée, qu'il avait confondue avec les toilettes. Certaines sources rapportent qu'il s'était en fait soulagé dans le piano à queue, comme si ça avait une importance.

Le lendemain matin, les journaux locaux ont rapporté que le mariage avait été annulé. Cela peut sembler curieux, mais Mr Bennett s'est enfui à Melton Mowbray, ce qui a peut-être arrangé les choses.

Vu nos standards modernes, il est remarquable que personne n'ait battu ce record.

LE PIRE ARBITRAGE

Phil Pawsey a apporté sa contribution unique à l'arbitrage de football lors d'un match opposant Northleach Town à Smith's Athletic, en première division de l'Endsleigh Cheltenham League en janvier 1998.

Le match se déroulait comme n'importe quel autre jusqu'à ce que l'épouse de Mr Pawsey, Trish, arrive en courant sur le terrain pour lui demander ses clés parce qu'elle s'était enfermée dehors. Il a interrompu la partie pour aller les chercher.

Cela lui a pris tellement de temps que quand il est revenu il faisait trop sombre pour jouer les six minutes restantes. Il n'a pas eu d'autre choix que de mettre un terme à la rencontre.

11

TRAVAILLER AVEC LES ANIMAUX

« Les bonnes personnes sont bonnes
parce qu'elles ont appris la sagesse
à travers leurs échecs. »

William Saroyan

LA PIRE TENTATIVE DE COMMUNICATION AVEC LES ANIMAUX

Responsables d'une avancée considérable dans la communication interespèces, deux voisins du sud du Devon ont hululé pendant un an, chacun croyant que l'autre était une chouette.

Ornithologue passionné, Neil Simmons étudiait les cris des hulottes dans un chêne lorsqu'il a essayé de lancer une conversation avec ses propres hululements ponctuels. Ce n'est qu'en 1996, quand Fred Cornes a emménagé dans la maison d'à côté, que sa persévérance a fini par payer.

Le succès a été instantané.

Chaque nuit pendant douze mois, ils sortaient tous deux dans leurs jardins respectifs, et chacun de leurs cris était immédiatement suivi par une réponse gratifiante.

Ils y seraient encore sans une conversation accidentelle au cours de laquelle Mrs Simmons a raconté à Mrs Cornes à quel point son mari était heureux d'entendre la chouette lui répondre. « Il répertorie chaque cri, et essaie de modifier son hou-hou pour imiter l'autre animal », a-t-elle expliqué. « C'est drôle… », a répondu Mrs Cornes, et le projet de recherche a pris fin.

LE PIRE CHIEN DE BERGER

En 1986, une certaine Mandi Brooker de Johannesburg a décidé qu'il n'était pas normal que seuls les gens de la campagne participent aux concours de chiens de berger. Au nom de tous les citadins, elle s'est procuré un border collie du nom de Cindy et l'a entraîné dans le jardin de sa maison en ville.

Au cours d'une compétition, le splendide animal a mené son troupeau de moutons au-delà de l'enclos d'arrivée, hors du champ, à travers la cour d'un pensionnat, et les a fait grimper deux étages pour finir dans le dortoir des filles. Ce soir-là, au repas de fête, le directeur adjoint de l'école était assis à côté de notre bergère. « Vous comptez…, lui a-t-il demandé avec hésitation, participer à nouveau à la compétition demain ? »

Mais il ne s'agit même pas là du pire concours de chiens de berger dont nous ayons trace. En juillet 1991, lors du quarantième festival annuel de la Lanchester Agricultural Society, un chien s'est fait chasser du champ par les moutons.

LE PIRE RÉPULSIF À RONGEURS

Désireuse d'être au sommet de la dératisation dans les années quatre-vingt-dix, la société Rentokil a décidé de tester la dernière technologie de pointe, un appareil à ultrasons qui promettait d'éloigner les rats uniquement grâce au son. Dépassant toutes les attentes, les rats ont non seulement continué de manger tranquillement, mais ils ont ensuite grignoté le boîtier et détruit le formidable engin. L'entreprise qui le fabriquait a choisi d'employer Rentokil pour protéger ses gadgets à ultrasons des rats grâce à des méthodes plus conventionnelles.

LA PIRE DÉCOUVERTE D'UNE NOUVELLE ESPÈCE

Une nouvelle espèce de mammifère a été découverte dans une région isolée du Vietnam en 1995, ce qui a causé un fort engouement international. Appelé « tuoa », ce petit animal semblable à un cerf, de la famille des bovidés, a été décrit par la branche vietnamienne du Fonds mondial pour la nature comme « l'équivalent zoologique de la découverte d'une nouvelle planète ».

L'animal a été découvert en décembre, et mangé par les villageois en janvier.

LE PIRE GRAND NATIONAL

Le meilleur Grand National, course hippique annuelle se tenant à Aintree, a commencé par un faux départ classique : en 1996, tous les chevaux sont partis avant le drapeau et on a dû les rappeler avant qu'ils n'atteignent le premier obstacle. Cependant, ce n'était là qu'un hors-d'œuvre avant le somptueux banquet. Le deuxième essai a constitué un faux départ bien supérieur. Quand le responsable du départ les a rappelés, son drapeau n'a pas voulu se déployer, ce qui a eu des conséquences historiques.

Sur les trente-neuf participants, trente ont commencé à faire le tour complet de la course pendant que tout le monde à Aintree essayait de les rattraper. La foule hurlait. Les entraîneurs gesticulaient. Quand les organisateurs se sont mis à agiter des drapeaux rouges, les jockeys ont cru qu'il s'agissait de militants pour la défense des animaux qui s'étaient introduits un peu plus tôt sur le terrain. Dans un ultime et courageux effort pour les arrêter, un cône de chantier a été placé devant l'un des obstacles. Neuf chevaux ont réussi à finir avant que la course ne soit officiellement abandonnée. Le vainqueur, Esha Ness, a réalisé le deuxième meilleur temps de l'histoire du Grand National.

Cet événement fantastique était retransmis en direct sur les télévisions du monde entier. Une certaine Kathy Chiu, qui suivait, époustouflée, la course sur un écran géant au Happy Valley Racecourse de Hong Kong, a déclaré : « Les Chinois n'y comprennent rien : des chevaux qui sautent des obstacles ! Si vous me dites que ça, ce n'est pas une course, je vous répondrai que c'est la plus passionnante que j'aie jamais vue. »

DEVON LOCH : UN HOMMAGE

Propriété de la reine mère, Devon Loch était l'un des chevaux de course les plus distingués de Grande-Bretagne. Lors du Grand National de 1956, il est devenu le plus bel exemple connu d'un animal qui réussit à arracher la défaite des griffes de la victoire. Le prestigieux destrier galopait en direction de la ligne d'arrivée avec cinq longueurs d'avance, en grand danger de non seulement battre le record de vitesse sur la course mais aussi de devenir le premier cheval royal victorieux en cinquante-six ans.

Il fallait faire quelque chose. À trente-cinq mètres de la fin, devant la tribune royale et la reine mère elle-même, l'ingénieux coureur a fait un bond des plus exquis. Plein de joie et d'ardeur, il a tendu les jambes comme une gazelle en vol et flotté un instant dans les airs comme une toile d'araignée sous la brise de printemps, avant de plonger au sol en une dégringolade parfaite, évitant ainsi de finir la course. L'agence Reuters a simplement écrit qu'il avait « fait un plat », ce qui illustre bien le manque de poésie des agences de presse.

LE PIRE JOCKEY

Le plus impressionnant de tous les jockeys britanniques, Anthony Knott, a commencé la course en 1980 à l'âge de seize ans, et n'a remporté aucune course jusqu'à ses quarante-quatre ans, vingt-huit ans plus tard. Avant cela, il n'avait pas fait mieux que deux fois cinquième. « Je n'arrêtais pas de regarder le film sur Seabiscuit, ça me permettait de m'accrocher. »

Mr Knott a toujours affirmé qu'il « avait de quoi remporter une course » au fond de lui. Cela fait référence à sa regrettable victoire à Wincanton le 20 novembre 2008, avec le cheval Wise Men Say. Pour sa défense, il a fait tout son possible pour perdre aussi cette course. Il s'est mis debout dans ses étriers et a célébré son succès avant la ligne d'arrivée, à tel point qu'il a failli se faire doubler dans la dernière ligne droite.

Il a immédiatement pris sa retraite, mais a nié le fait qu'il arrêtait tant qu'il était au sommet : « Je ne suis pas au sommet. Je ne l'ai jamais été. »

LA PIRE VISITE À L'HÔPITAL

En juin 2010, Mrs Connie Everett de Kitimat, en Colombie-Britannique, a été transportée à l'hôpital après avoir percuté un élan avec sa voiture alors qu'elle allait rendre visite à sa sœur, Mrs Yvonne Studley, hospitalisée parce qu'elle avait percuté un élan avec sa voiture.

LE PIRE SAUVETAGE D'OURS

En février 1991, une cinquantaine de personnes se sont rassemblées à Keithville, en Louisiane, pour observer un vétérinaire et un garde-chasse armés de fléchettes tranquillisantes qui essayaient de sauver un ours coincé au sommet d'un pin. Des renforts de police sont arrivés. Plusieurs refuges ont été alertés, prêts à recueillir l'animal. Comme la nuit tombait, on a accroché des projecteurs et des filets sous les arbres pour le rattraper en cas de chute.

Au début, la bête était assez agitée, mais le tranquillisant a semblé fonctionner un moment. Sous les exclamations des badauds, l'ours a ensuite paniqué et s'est mis à remuer violemment. Au bout de huit heures, il n'y avait plus qu'une solution : il fallait abattre l'arbre. Juste avant le lever du soleil, la foule a pu voir l'équipe d'intervention secourir ce qui était en fait un gros sac-poubelle noir sous forte sédation.

LA PIRE TENTATIVE D'ABATTAGE DE COCHON

En janvier 1998, Arnoldo Dijulio, un balayeur municipal, a emmené deux cochons de race tamworth, qu'il avait élevés dans son jardin, à l'abattoir de Malmesbury dans le comté de Wiltshire. Il avait dans l'idée de les vendre 50 livres, le tarif pour des bêtes élevées en plein air.

Les cochons, eux, avaient dans l'idée de creuser sous la barrière de l'enclos, foncer de l'autre côté de la route, traverser l'Avon à la nage et se planquer le temps de devenir des héros nationaux et d'engager les défenseurs des animaux, les militants végétariens et la presse internationale dans un combat contre leur abattage.

Mr Dijulio a dit aux gens de l'abattoir qu'il revenait tout de suite avec les deux porcs, et il a passé les huit jours suivants à les traquer en vain. La nouvelle de cette évasion se répandait, et leur notoriété grandissait. Au bout de trois jours, les cochons, désormais connus sous les noms de Butch et Sundance, étaient recherchés par une véritable petite légion : spécialistes animaliers, membres de la RSPCA, personnel de l'abattoir, policiers, chiens de détection et reporters de Fleet Street. Ils ont même utilisé une séduisante femelle tamworth en guise d'appât.

De temps en temps, les cochons émergeaient des sous-bois pour jouer avec leurs chasseurs avant de disparaître à nouveau. Le quatrième jour, Sundance a été repéré dans le jardin d'un résident du coin. La police a réussi à acculer le noble animal tandis que Mr Dijulio essayait de le capturer. Le porc s'est enfui dans les broussailles.

Quant à Butch, personne ne connaissait sa cachette, mais un local doué de seconde vue appelait la police tous les jours pour dire qu'il savait où il se trouvait.

Une semaine complète après la grande évasion, Butch a été capturé par une équipe d'experts du *Daily Mail* et emmené dans un endroit secret, loin des autres journaux et médias concurrents.

Sundance, qui était probablement le meneur, a connu trente-six heures de liberté supplémentaires pendant lesquelles les journalistes, les photographes, les vétérinaires, la police et Mr Dijulio ont passé la campagne au peigne fin.

Le lendemain matin, la police et un responsable de la RSPCA l'ont pris en chasse deux heures durant devant une foule de soixante personnes, avant d'abandonner. Le jour d'après, il a fallu huit hommes, deux chiens, trois fléchettes tranquillisantes et vingt-quatre heures pour réussir à mettre Sundance en cage dans le cabinet du vétérinaire Francis Baird. Celui-ci a cadenassé et enchaîné les portes. « Je dirais que ces cochons sont extrêmement rusés et sournois », a déclaré l'agent Roger Bull.

De nombreux reporters ont assisté à ce dénouement tragique. Une journaliste américaine du nom de Donatella Lorch s'est exprimée au nom de tous les correspondants étrangers : « Nous étions tous fous de joie de voir des journalistes faire des reportages sérieux sur les deux cochons au milieu d'un champ. »

Une entreprise britannique a créé des peluches à l'effigie des « Deux Tamworth », comme on les surnommait alors. Un film sur leur cavale a même été réalisé, mais il était bien trop dramatisé et montrait les deux cochons qui essayaient de retourner à leur foyer spirituel à Tamworth, poursuivis par un patron d'abattoir diabolique.

Devant l'opposition internationale à ses projets d'abattage, Mr Dijulio a préféré vendre les bêtes au *Daily Mail*. « Je suis surpris par l'intérêt qu'elles ont suscité », a-t-il reconnu. Le *Mail* a pour l'instant financé douze ans d'une retraite confortable pour les cochons. À l'âge avancé de treize ans, Butch a dû être euthanasié. Sundance en a aujourd'hui quatorze et mène toujours une existence agréable dans une ferme pour animaux d'élevage rares à Ashford, dans le Kent.

LE RASSEMBLEMENT DE VACHES QUI A PRIS LE PLUS DE TEMPS

Il a fallu deux ans à l'éleveur Cree Mackenzie pour rassembler seulement neuf vaches dans le même enclos, au cours du rassemblement bovin qui a pris le plus de temps dans l'histoire de l'humanité. Tout a commencé en 1992 quand il a emmené paître son troupeau sur Little Bernera, une île minuscule au large de Lewis, dans les Hébrides extérieures.

Mr Mackenzie se trouvait dans les meilleures dispositions et les vaches passaient un bon moment, mais notre homme venait de faire l'acquisition d'un bouvillon plutôt chahuteur. « Il venait d'Oban », a expliqué Mr Mackenzie, ce qui était censé en dire long. « Il n'était pas du coin et n'avait pas le même comportement. » En un rien de temps, tout le troupeau était devenu sauvage. « Il a causé une véritable insurrection. Elles se sont toutes déchaînées et refusaient de m'obéir. »

Un jour, il a décidé de les rassembler pour le marché des bovins. Aucune vache saine d'esprit ne s'y laisserait sagement conduire, alors elles ont pété les plombs, foncé dans les clôtures d'un mètre quatre-vingts de haut et donné des coups de sabot dedans.

D'abord, Mr Mackenzie a engagé une équipe de vingt-quatre éleveurs pour les réunir, mais les vaches ne se sont pas laissé faire. « Ils leur ont couru après sur toute l'île, mais les vaches se sont montrées plus malines en sautant dans un loch où elles étaient inatteignables. » Fatigué au bout de quelques mois d'avoir à pourchasser des génisses dans les Hébrides extérieures, Mr Mackenzie a fait appel à des volontaires pour camper sur l'île et gagner la confiance des bovidés. Ce projet n'a attiré personne.

En 1993, l'armée, qui y voyait un défi à relever, a proposé son aide. « Ils ont construit une palissade avec une corde attachée à la porte et ils l'ont surveillée à la jumelle. Les vaches l'ont défoncée et il a fallu la reconstruire. » Au bout de deux ans, ils ont fini par attirer un animal dans leur piège en l'amadouant avec de la nourriture.

Les huit vaches restantes, voyant que la partie était jouée et qu'il valait mieux ne pas affronter les militaires, ont traversé le loch à la nage et se sont rendues.

« Ça a été une vraie galère, mais au moins je n'ai pas eu besoin de les nourrir pendant deux ans », a dit Mr Mackenzie.

12

LA VIE DE SPORTIF

« Certaines défaites sont plus triomphales que des victoires. »

Michel de Montaigne

OXFORD CONTRE CAMBRIDGE : LE DERNIER NAUFRAGE

Quatre-vingt-cinq longues et ennuyeuses années s'étaient écoulées depuis le naufrage des deux équipes au cours de l'électrisante course d'aviron Oxford contre Cambridge de 1912. De nombreuses personnes avaient perdu espoir de voir une telle chose se reproduire. Année après année, Oxford et Cambridge ont enchaîné des courses bien trop prévisibles sur la Tamise, toujours à flot. Mais en 1997, les équipes des deux universités ont été invitées par des homologues brésiliens à la première régate internationale organisée sur un affluent de l'Amazone.

Les équipes d'Oxbridge ont prouvé que nous avons beaucoup à apprendre de cette fascinante culture : ils descendaient le río Negro à toute vitesse lorsqu'une flottille de joyeux spectateurs turbulents s'est avancée vers les avirons pour avoir une meilleure vue du spectacle. Ignorant les avertissements insistants au mégaphone, plusieurs hors-bord faisaient des écarts à fond les manettes sur la route de nos concurrents ; ils ont ainsi créé les conditions idéales pour un naufrage.

« On s'est pris une grosse vague. Tout s'est fini en un rien de temps », a déclaré Charlie Humphreys, éminent membre de l'équipe historique d'Oxford qui a brisé la malédiction vieille de quatre-vingt-cinq ans et coulé en premier. Cambridge a sombré quelques minutes plus tard. Les spectateurs brésiliens, qui n'avaient jamais vu de courses d'aviron britanniques auparavant, ont tout naturellement conclu qu'il s'agissait d'un divertissement sensationnel et qu'il fallait en organiser une autre dès que possible. Ensuite, les deux équipes ont bien évidemment dansé une samba victorieuse.

DES NOUVELLES DU FOND DE LA GRILLE DE DÉPART

Tandis que les autres ne s'intéressent qu'aux champions, en matière de Formule 1, nos yeux sont naturellement attirés vers l'autre bout du classement, où le génie règne, les records abondent et la compétition fait rage.

Avec une seule course à son actif, Marco Apicella a connu la plus courte carrière professionnelle de l'histoire de la Formule 1. Il a failli arriver au premier virage du Grand Prix d'Italie de 1993, mais il est sorti de la piste après seulement huit cents mètres et a décidé de ne plus jamais concourir. Cela a duré une poignée de secondes.

Al Pease est le seul pilote à avoir été disqualifié parce qu'il allait trop lentement. Il a participé à trois Grands Prix du Canada, dont celui de 1967, son plus spectaculaire : à une vitesse moyenne de soixante-dix kilomètres heure, il a fini quarante-trois tours après le vainqueur, soit la moitié de la course.

Dès le départ, il a pris six tours de retard parce que son bolide ne voulait pas démarrer. Après quelques tours, le moteur a calé et la batterie est tombée à plat, et il a dû remonter tout le circuit jusqu'aux stands pour en chercher une neuve, puis il a couru à sa voiture et l'a installée lui-même.

En matière d'accidents inventifs, Taki Inoue détient le record. En 1995, sa voiture a fait un impressionnant tonneau alors qu'il se faisait remorquer jusqu'aux stands. Il s'est ensuite fait renverser par les pompiers qui arrivaient pour éteindre son véhicule en flammes.

Pendant les courses, il passait autant de temps hors de la piste que sur le circuit, et lors du Grand Prix d'Australie, cette année-là, il était au meilleur de sa forme : il s'est pris un mur en regardant dans son rétroviseur Schumacher qui allait le doubler. Quand le magasine *F1 Racing* lui a demandé de résumer sa carrière en Formule 1, il a répondu : « Fume trop, bois trop, gros fainéant. »

LA COURSE LA MOINS PALPITANTE

Rien n'était trop beau pour les préparatifs de la course à pied amateur du Waterlooville Festival, dans le Hampshire, en septembre 1994. Un guichet spécial a été installé pour s'occuper de toutes les inscriptions et cent cinquante dossards ont été imprimés pour l'événement. Les chronométreurs bénévoles ont préparé leurs montres. Le parcours d'un kilomètre et demi autour d'un terrain de jeux a été tracé à la peinture et supervisé par six juges officiels. Une ambulance se tenait prête en cas d'urgence. Des dizaines de médailles ont été accrochées pour la cérémonie d'ouverture.

Une large foule s'est formée au bord de la piste et l'excitation était à son comble lorsqu'il s'est avéré qu'une seule personne s'était inscrite à la course, un garçon de sept ans dénommé Michael Biddell, qui est arrivé dans sa tenue d'éducation physique.

Enchantée de ce spectacle, la foule folle de joie s'est mise à applaudir tandis que ce splendide garçon sprintait en tête sous les acclamations. À l'aide de tous ses muscles et ses tendons, il a fini premier, ou si l'on regarde le bon côté des choses, dernier. « Il n'y a pas écrit 1994 sur les médailles, donc on peut les réutiliser l'année prochaine », a dit un membre du comité d'organisation.

LE PLUS GRAND NOMBRE DE DÉFAITES EN BOXE

L'immortel Peter Buckley, l'un des meilleurs boxeurs dans notre domaine, a participé à trois cents combats dans sa carrière, dont un magnifique total de deux cent cinquante-six défaites. Il arrivait souvent sur le ring avec les yeux au beurre noir d'une précédente rencontre.

En 2008, Ron Lewis a écrit dans le *Sunday Times* que Buckley était arrivé à maturité dans la défaite constante. « Il se maintient dans un état de concentration total, prêt à perdre un combat à n'importe quel moment, n'importe où dans le pays. » Dans toute sa carrière, il a perdu face à quarante-deux futurs champions du monde, d'Europe, du Commonwealth ou de Grande-Bretagne.

« On m'appelle quelques heures avant le combat. En général, j'accepte. Si vous téléphonez à un maçon pour faire construire un mur, il ne va pas vous demander trois semaines pour se préparer », disait Buckley, connu pour avoir un jour accepté un match le jour J à huit heures du soir.

Quand il a décroché du ring, il a déclaré : « J'ai toujours aimé la boxe, mais gagner ma vie à me faire cogner le visage, ça ne va pas me manquer du tout. »

La seule personne dotée d'un meilleur palmarès s'appelle Reggie Strickland, pugiliste américain qui a perdu deux cent soixante-seize combats dans sa vie, soit plus que n'importe quel autre boxeur. Il a aussi participé à plus de matchs que quiconque (trois cent soixante-trois), parce qu'il était bien évidemment un adversaire très prisé.

LE PIRE GOLFEUR

Le célèbre Maurice Flitcroft a obtenu le titre de pire golfeur du monde en 1976 lors de sa participation à l'Open britannique, alors qu'il n'avait jamais fini un seul parcours de sa vie. Il est arrivé avec une série de clubs bon marché commandés par la poste et a terminé le parcours en cent vingt et un coups, ce qui constitue le pire résultat de l'histoire de l'Open. À cause de cela, le grand homme s'est fait bannir de tous les golfs du pays.

Encouragé par cette expérience, il a décidé de passer pro, mais il lui était difficile de trouver un endroit pour s'entraîner. Radié du Barrow Golf Club à la suite de plusieurs infractions au code vestimentaire, principalement dues à son bonnet de laine, il se levait à quatre heures du matin pour s'exercer sur leur parcours pendant que les membres dormaient.

Mr Flitcroft était persuadé de remporter l'Open un jour, et il a continué à s'inscrire tous les ans à la compétition sous différents pseudonymes : Gerald Hoppy, James Dean Jolly, Arnold Palm Tree et le comte Manfred von Hoffmanstal. Il a également utilisé divers déguisements, dont une grosse moustache passée à la teinture végétale et un chapeau façon Sherlock Holmes. Chaque fois, il se faisait chasser par les organisateurs après une série de coups impressionnants qui ne manquaient jamais de révéler sa véritable identité. Une fois, ils ont même engagé un expert en calligraphie pour repérer son faux bulletin d'inscription.

En 1988, le Blythfield Country Club de Grand Rapids, dans le Michigan, a inauguré le premier tournoi Maurice Flitcroft. Mr Flitcroft lui-même est venu en avion pour participer à l'événement. En arrivant, il a raconté aux membres du club que c'était la première fois que sa femme et lui quittaient la maison ensemble depuis l'explosion de leur four à gaz.

Pour la vingt-deuxième édition du tournoi Flitcroft, en mai 2000, cet admirable club de golf avait fait installer un généreux trou de trente centimètres de diamètre sur l'un des greens.

LE PIRE K-O

Lors des championnats d'Amérique du Nord de Las Vegas en 1982, le poids lourd cubain Pedro Cardenas a prouvé à quel point l'effet de surprise pouvait être important dans un sport de contact. Opposé au boxeur canadien Willie DeWitt, il a esquivé, dansé, zigzagué, balancé un crochet du droit, manqué son adversaire et mis K-O l'arbitre, Bert Lowes.

Le premier round a continué avec un arbitre remplaçant, qui avait l'avantage d'être plus petit que Mr Lowes et donc plus difficile à atteindre. Mais les grands boxeurs se doivent d'être polyvalents : Cardenas a esquivé, dansé, zigzagué, et il a envoyé un autre crochet du gauche qui est parti vers le bas et a mis K-O le deuxième arbitre. Notre homme était en si bonne forme que le combat a pris du retard, à cause de la réticence générale à reprendre le rôle de l'arbitre.

Son travail terminé pour la soirée, le grand Cubain s'est lui-même fait mettre au tapis dans le second round.

LE PLUS LONG MATCH DE CRIQUET SANS POINTS

Nous espérons encore assister à un match de cricket parfait où aucune des deux équipes ne marquerait de point, mais en attendant nous devons nous contenter du glorieux match entre Goldsborough et Dishforth en juillet 2004, dans la Nidderdale and District League.

Première à la batte, l'équipe de Goldsborough a donné une belle leçon à Dishforth en étant éliminée avec zéro point. Le capitaine de l'équipe adverse s'est émerveillé de leur performance : « Toutes les balles qu'ils frappaient partaient de travers. »

Goldsborough avait rempli sa part du marché, et c'était à présent au tour de Dishforth de prendre la batte. L'excitation a atteint des sommets quand leurs deux premiers batteurs sont sortis avant d'avoir pu marquer une seule fois. La perfection était-elle imminente ?

Malheureusement, tout est tombé à l'eau puisque Dan Bettles Hall, qui devra vivre pour toujours avec cet affreux souvenir, a marqué un point.

« C'est pas pire que d'aller faire les courses un samedi », a dit le capitaine de Goldsborough.

LE PIRE MATCH POUR UN TITRE CHEZ LES POIDS LOURDS

Lors de son combat pour le titre dans la catégorie poids lourds contre Lennox Lewis en 1997, Oliver McCall a fondu en larmes et refusé de cogner son adversaire ; une réaction sensible très plaisante. On s'étonne même qu'une telle chose ne se soit jamais produite auparavant.

Lewis a joué le jeu et s'est arrêté de cogner aussi, ce qui a donné un cinquième round sans aucun coup de poing. Chose incroyable, Mr McCall a été disqualifié. Un psychiatre, qui a examiné ce boxeur unique pendant quatre-vingt-dix minutes après le combat, a déclaré : « Je crois que son état mental est stable. »

Les commentateurs télé aussi étaient en très grande

forme. Quelques minutes avant que notre boxeur ne craque, l'un d'entre eux a annoncé : « C'est un McCall au meilleur de lui-même que nous avons là, c'est moi qui vous le dis. » Son collègue a répondu : « Je crois bien que ce combat peut aller au bout. »

LE PIRE MATCH D'UNE TOURNÉE DE RUGBY

Grâce à une erreur administrative lors de leur tournée en Roumanie en mai 2000, les Dorchester Gladiators, une équipe amateur de vétérans de plus de quarante ans, ont découvert qu'ils allaient jouer contre le meilleur club roumain, le Steaua Bucarest, qui comptait neuf joueurs internationaux. Ils ont aussi appris que le match serait retransmis en direct à la télévision nationale et qu'il se jouerait devant des milliers de spectateurs, qui croyaient que les Gladiators étaient une grande équipe britannique.

« Au début, on était morts de peur », a raconté l'arrière des Gladiators, Dave Seddon, qui était l'un des plus jeunes joueurs du haut de ses trente-cinq ans. « La veille au soir, on est sortis boire quelques bières et on se sentait tous un peu fragiles. On n'est plus à notre meilleur niveau. »

Nigel Jones, géomètre de quarante-trois ans, a dit : « On a commencé à s'inquiéter quand nos hôtes nous ont demandé si on voulait faire une session d'entraînement la veille, ce qui n'est pas vraiment notre genre. On s'est préparés pour le match au bar et on est rentrés à quatre heures du matin, alors que le coup d'envoi était prévu pour onze heures. »

Quand ils ont vu que leurs adversaires étaient des athlètes musclés d'une vingtaine d'années, les Gladiators ont essayé de leur expliquer qu'ils étaient très mauvais, mais les Roumains ont cru à une ruse. « Ils ont refusé de nous croire, a expliqué Mr Jones. Ils ont commencé à s'échauffer comme des vrais professionnels et nous, on est restés là à fumer des cigarettes en sachant qu'on allait avoir des problèmes. »

Le match s'est terminé sur le score de 61-17, après que les Roumains ont ralenti la cadence quand ils ont compris qu'ils ne risquaient pas de perdre. Les temps forts sont passés au journal télévisé.

LA PIRE CÉLÉBRATION DE VICTOIRE

Au cours d'un des plus grands moments de l'histoire de l'équitation, le jockey irlandais Roger Loughran a prouvé combien il était nécessaire de toujours en garder sous le coude pour la dernière ligne droite. Avec son cheval Central House, lors du Paddy Power Dial A Bet Chase à Leopardstown en 2005, il était en tête après trois kilomètres de course et la ligne d'arrivée n'était plus qu'à une centaine de mètres.

La situation semblait très grave, mais alors que la victoire le regardait droit dans les yeux, il avait encore un tour dans son sac : il a confondu un fagot de bouleau posé à la verticale et la ligne d'arrivée. Il s'est levé dans ses étriers, a levé le poing en l'air en signe de victoire, agité la main, souri, et salué la foule avec sa cravache quand il s'est fait doubler par Hi Cloy et Fota Island, a perdu la course et est arrivé troisième. D'après l'entraîneur du cheval : « Ça arrive. »

LA PIRE CHASSE LORS D'UNE PARTIE DE CRICKET

Bien qu'il ait joué pour l'équipe du Gloucestershire, G.E. Hemingway a réalisé son plus bel exploit vers la fin du XIXe siècle lors d'un match à un seul guichet contre ses frères.

Il a participé à la deuxième pire chasse, ou *fielding*, de l'histoire du cricket : il a envoyé la balle dans un massif d'orties, et tous les joueurs de champ se sont disputés pour savoir qui irait la chercher. Pendant ce temps-là, les joueurs à la batte ont marqué deux cent cinquante courses.

La pire chasse a eu lieu en Australie-Occidentale, en 1894, lorsqu'un batteur du nom de Cogg a expédié la balle en haut d'un arbre. L'arbitre a considéré qu'elle demeurait bien en vue de tous et qu'elle n'avait pas touché le sol, donc il a laissé jouer. Les batteurs se sont mis à courir, et les chasseurs ont essayé de grimper à l'arbre, mais les branches les plus basses ont rompu et ils sont tombés par terre. Les batteurs couraient toujours. On a demandé une hache, mais personne n'en a trouvé. Un des joueurs de champ a fini par revenir avec un fusil, avec lequel il a tiré sur l'arbre. À ce moment-là, les joueurs à la batte, épuisés, avaient déjà arrêté de courir. Ils avaient marqué deux cent quatre-vingt-six points.

LE PIRE MATCH DE RUGBY

En juin 2006, soixante-dix agents de police russes se sont rendus en vitesse à un match de rugby amateur dans la banlieue de Rostov et ont arrêté les deux équipes, l'arbitre et tous les spectateurs. On les avait informés d'une rixe générale entre deux gangs de hooligans rivaux, et rien de ce qu'ils ont vu en arrivant ne les a convaincus du contraire.

Les organisateurs du match leur ont expliqué plusieurs fois qu'il s'agissait d'un jeu, pratiqué pour le plaisir dans une grande partie de l'Europe occidentale et ailleurs. Les policiers ont eu beaucoup de mal à y croire, et ils les ont embarqués au commissariat de Rostov, où une centaine d'amateurs de rugby ont passé plusieurs heures à expliquer les règles aux forces de l'ordre. Ils n'ont été relâchés qu'après avoir accepté de prévenir verbalement ou par écrit avant de refaire un match.

LA PIRE ÉPREUVE DE QUALIFICATION AUX JO

Les Jeux olympiques n'ont jamais offert de plus beau spectacle qu'Éric Moussambani, qui a participé aux épreuves éliminatoires du cent mètres nage libre des JO de Sydney alors qu'il n'avait commencé à prendre des leçons de natation qu'au mois de janvier précédent. Il représentait la Guinée équatoriale, où il s'est entraîné dans des eaux infestées de requins et de crocodiles parce que la seule piscine disponible était trop pleine de touristes.

En ce jour mémorable de septembre 2000, il a dit à son entraîneur que cent mètres lui paraissaient une trop longue distance, mais celui-ci a insisté. Il n'y avait que deux autres compétiteurs dans cette épreuve : ils sont tombés à l'eau avant le coup de sifflet et ont été disqualifiés. Éric avait donc au moins une chance de finir premier.

Bien loin des combinaisons aérodynamiques futuristes des autres athlètes, Mr Moussambani portait un slip de bain classique dont le cordon mal attaché pendait visiblement. À l'aller, il n'a pas mis la tête sous l'eau une seule fois et a courageusement tenté de faire son demi-tour en culbute.

Le public, qui se sentait en présence d'un vrai génie, a poussé des cris d'encouragement alors qu'il a failli couler lors de sa deuxième et dernière longueur. Les maîtres-nageurs se tenaient prêts à intervenir en voyant ses brasses ralentir et ses jambes s'enfoncer dans l'eau. Motivé par l'ovation tonitruante, il a réussi à aller jusqu'au bout. « Je tiens à faire plein de bisous et de câlins au public, parce que ce sont leurs encouragements qui m'ont permis de continuer. »

Il est revenu sur sa performance unique avec ces mots : « Ce qui m'est arrivé valait plus que de l'or à mes yeux. Je vais sauter et danser toute la nuit pour célébrer cette victoire personnelle. »

Quand il est retourné au village des athlètes, il a trouvé un panneau sur sa porte qui disait : « Chez Éric le nageur. »

LES PIRES BATTEURS DE CRICKET

Le cricket est un sport très reposant, si l'on oublie le bruit incessant de la balle contre la batte et les gens qui courent dans tous les sens toute la journée jusqu'à ce que l'obscurité les en empêche. Seuls trois batteurs ont montré qu'ils étaient bien au-dessus de ça.

John Howarth, de l'équipe du Nottinghamshire, détient le record du plus grand nombre de matchs importants sans marquer un seul point à la batte. Il a touché dix-neuf guichets en tant que lanceur, mais ça, tout le monde s'en fiche. En treize matchs pour le Nottinghamshire, il n'a pas réussi à marquer une seule course sur sept manches différentes. Quand il a pris sa retraite, il a contacté un site Internet spécialisé dans les statistiques pour leur demander qui détenait le record, ce à quoi on lui a répondu : « Vous. »

Pour des raisons complexes liées au cricket que nous ne pouvons être tenus de comprendre, Seymour Clarke possède le record du plus grand nombre de manches sans marquer (neuf manches en cinq matchs).

« Il était très doué pour protéger son guichet, mais personne ne se souvient de ça », a observé le *Wisden Cricket Monthly* sur ce joueur des années trente originaire du Somerset. « Tout le monde se rappelle sa façon de battre. » Quand il a été sélectionné pour jouer dans l'équipe du comté, il s'est acheté une nouvelle batte, mais il n'a pas beaucoup touché la balle avec.

Même les équipes adverses essayaient de l'aider. Peter Smith, le lanceur au grand cœur d'Essex, a fait de son mieux pour donner une chance à Mr Clark de marquer une course. Dans le match qui l'opposait à l'équipe du Somerset, il a délibérément lancé une balle faible qui a rebondi deux fois avant d'atteindre le grand batteur. Après coup, celui-ci a raconté : « Je n'ai pas pu résister, j'ai essayé de la frapper aussi fort que je possible. » Mais il l'a ratée et s'est fait sortir.

Courtney Walsh a également un rôle capital, puisqu'il a été éliminé quarante-trois fois pour n'avoir pas marqué de points (on appelle cela un duck) lors de différents matchs amicaux avec l'équipe des Indes occidentales ; même si, entre-temps, il marquait une moyenne de huit points par match, ce qui gâche un peu tout.

LA PIRE COURSE DE BOBSLEIGH AUX JO

Aux Jeux olympiques d'hiver 1988, le monde entier s'est tourné avec admiration vers la Jamaïque, qui inscrivait pour la première fois une équipe au bobsleigh, même s'ils n'avaient chez eux ni neige ni bobsleigh, et surtout personne qui ait la moindre idée de comment ça marchait. Les chaînes de télévision américaines ont fait de la place sur les ondes pour offrir une large couverture médiatique de cet important événement.

Ils ont été encouragés à participer par deux touristes américains, qui se sont dit que si les Jamaïcains étaient capables d'organiser des courses de charrettes à bras et de dévaler les rues de Kingston à cent kilomètres heure dans des carrioles de vendeurs ambulants, alors le bobsleigh serait une partie de rigolade.

Leur meilleur espoir était de trouver des sprinteurs qui pourraient au moins donner une bonne impulsion au bob avant de sauter dedans. Étant donné que personne ne s'est porté volontaire, ils ont recruté quatre coureurs de l'armée, dont le lieutenant Devon Harris. « Bien évidemment, j'ai pensé qu'il s'agissait de l'idée la plus absurde de l'histoire de l'humanité », a-t-il dit.

L'équipe comptait également le capitaine Dudley Stokes, le chanteur de reggae Freddie Powell, apparemment recruté pour l'image, et Chris, le frère de Dudley, qui s'est fait enrôler au dernier moment et n'a même pas eu une semaine pour s'entraîner avant les Jeux. Ils ont aussi dû emprunter des bobsleighs de rechange à d'autres nations pour participer.

« Après avoir réalisé le septième meilleur départ en haut de la colline, on s'est crashés en beauté, d'une façon inimitable par d'autres que des Jamaïcains », a déclaré le lieutenant Harris avec une fierté nationale tout à fait compréhensible.

Après l'accident, ils se sont extirpés du bob et l'ont porté jusqu'à la ligne d'arrivée sous un tonnerre d'applaudissements et l'admiration de la terre entière. Ils ont bien mieux réussi à mettre en avant leur sport que bon nombre de leurs concurrents expérimentés.

LE PIRE LANCEUR DE DISQUE OLYMPIQUE

Aux Jeux d'Athènes de 1896, George Stewart Robertson a établi le record du monde du pire lancer de disque de l'histoire olympique. Lors de la cérémonie de clôture, il a récité une ode à la prouesse athlétique qu'il avait lui-même écrite en grec ancien. « Je m'étais spécialisé dans les lettres grecques, alors je n'ai pas pu m'empêcher de lire un petit quelque chose aux Jeux olympiques, vous comprenez ? »

Son record du pire lancer était de vingt-cinq mètres, ce qui semble déjà beaucoup. Il est stupéfiant de penser qu'avec tous les avantages d'un régime moderne et la motivation psychologique, les jeunes athlètes de nos jours n'aient pas réussi à battre ce record.

LA PIRE ÉPREUVE DE SKI DE FOND AUX JO

Philip Boit était un brillant coureur de demi-fond qui a connu une terrible série de victoires, ce qui ne pouvait bien sûr pas lui suffire longtemps. En quête d'un nouveau défi, en 1996, il a commencé le ski de fond dans son Kenya natal, pays qui manque un peu d'accès à la neige.

Sans expérience préalable, le bel athlète a récolté l'attention et les éloges du monde entier en finissant quatre-vingt-douzième et dernier du dix kilomètres aux Jeux olympiques d'hiver de 1998. La cérémonie de remise des médailles a été retardée car le vainqueur, Bjørn Dæhlie, voulait le prendre dans ses bras. Cela a tant ému notre skieur qu'il a appelé un de ses fils « Dæhlie Boit ».

« Je n'étais pas déçu, a-t-il déclaré. Même si j'ai fini dernier, Bjørn Dæhlie m'a félicité pour mes efforts. »

Cependant, le plus grand skieur de fond de tous les temps n'était autre que le Mexicain Roberto Alvarez. Aux JO d'hiver de Calgary en 1988, il s'est inscrit au cinquante kilomètres alors qu'il n'en avait jamais skié plus de vingt dans sa vie. Il a terminé bon dernier, à la soixante et unième place, près d'une heure après le soixantième. Il a mis tant de temps à finir cette course que les organisateurs avaient envoyé une équipe de secours.

LE BEAU JEU

LE PIRE MATCH DE COUPE DU MONDE DE FOOTBALL

Le match le plus plaisant de l'histoire de la Coupe du monde a opposé l'Écosse à l'Estonie le 9 octobre 1996, pour une qualification vitale aux deux équipes. Seuls les Écossais sont arrivés sur le terrain, car les Estoniens étaient en train de déjeuner, ce qui est parfaitement compréhensible. Le déjeuner, c'est un moment très important. Qui parmi nous ne saisit pas l'importance du déjeuner ?

Inexplicablement, l'Écosse s'est plainte de l'éclairage des projecteurs, empruntés pour l'occasion à la Finlande, qui mettait une drôle d'ambiance sur le terrain : des parcelles entières étaient plongées dans une ravissante pénombre. La pelouse formait un paysage avec des zones éclairées et d'autres sombres dans lesquelles les joueurs disparaissaient, surtout quand ils tiraient les corners, avant de réapparaître à la surprise générale, non sans rappeler le fantôme du père d'Hamlet.

La FIFA a avancé l'heure du coup d'envoi à 15 heures au lieu de 18 h 45, parce que l'entraîneur de l'Écosse s'est plaint que les gardiens ne pourraient voir aucun ballon venir de la gauche, mais ce détail technique n'a pas convaincu les Estoniens. Ils ont répondu qu'ils arriveraient à 18 h 45 comme prévu initialement parce qu'il était trop tard pour modifier l'horaire et que les pommes de terre étaient déjà sur le feu.

À 15 heures, l'arbitre a sifflé et le millier de supporters de la Tartan Army qui avaient fait le déplacement se sont mis à chanter « Get intae them ». Billy Dodds a donné le coup d'envoi avec John Collins, et au bout de trois secondes l'arbitre a sifflé à nouveau, mettant fin à une rencontre qui promettait du beau football, sur le score final de 0-0. Bien sûr, cela aurait été encore mieux si l'Écosse avait perdu.

Le 11 février 1997, on a rejoué le match, qui s'est une nouvelle fois terminé par un score nul et vierge, ce qui prouve que la présence de l'autre équipe sur le terrain n'était pas vraiment nécessaire.

LE PLUS COURT MANDAT D'ENTRAÎNEUR DE FOOTBALL

Le record du limogeage d'un entraîneur de football le plus rapide est détenu par l'équipe de Torquay United, qui a viré Leroy Rosenior dix minutes après l'annonce de sa nomination. Dans un article qui titrait « La stabilité avant tout », le journal local a raconté que le nouveau tacticien était « très optimiste » lors de la conférence de presse organisée en mai 2007 pour le présenter.

Assis entre le président du club et le directeur administratif, il a déclaré : « Je suis vraiment ravi et très enthousiaste. Nous voulons avant tout apporter de la stabilité à l'équipe. »

Dix minutes plus tard, Mr Rosenior a appris que le club avait été racheté pendant la conférence et que les nouveaux dirigeants viendraient avec leur propre entraîneur.

Fidèle à l'excellence, Torquay détient aussi le record du but contre son camp le plus rapide de leur ligue. En janvier 1977, leur extraordinaire milieu défensif Pat Kruse a sauté par-dessus ses défenseurs et, rapide comme l'éclair, a envoyé la balle de la tête dans ses propres cages après seulement six secondes de jeu.

LE PIRE JOUEUR DE PREMIÈRE DIVISION ANGLAISE

Le 23 novembre 1996, les supporters du Southampton Football Club ont eu la chance de voir Ali Dia, célébré par tous comme le pire footballeur à avoir jamais joué en première division anglaise, dans toute sa splendeur.

Lors du match contre Leeds, il est entré comme remplaçant à la trente-deuxième minute et a lui-même été remplacé à la soixante-quinzième. D'après son coéquipier Matt le Tissier : « Il courait sur le terrain comme Bambi sur un lac gelé », ce qui vous donne une idée d'à quel point il devait être plaisant à voir. Pendant ces inimitables minutes, il a montré sa superbe inaptitude à contrôler le ballon, décrite comme « bien en deçà des standards de la Premier League ». Il est entré tout de suite dans le vif du sujet et a manqué de marquer un but dans une cage vide, à une douzaine de mètres de distance, dès son arrivée sur la pelouse.

Il avait été recruté par Southampton parce qu'ils croyaient à tort que Mr Dia avait joué pour l'excellent club français Paris Saint-Germain et pour l'équipe nationale du Sénégal, avec laquelle il aurait marqué deux fois les semaines précédentes. On s'est plus tard aperçu qu'en fait il occupait le poste de remplaçant chez les Blyth Spartans, équipe semi-professionnelle, qui l'ont laissé partir.

LA PIRE « COUPE DE L'AMITIÉ »

Au cours d'un des matchs les plus houleux de l'histoire, l'équipe argentine de Boca Junior a perdu 3-1 contre les champions chiliens de Colo Colo, le 2 mai 1991. Sur fond d'insultes personnelles et de provocations, il y a eu une invasion sur le terrain, deux cartons rouges et une gigantesque émeute entre les forces de l'ordre, les spectateurs et vingt des vingt-deux joueurs. Le gardien de Boca Junior s'est fait mordre par un chien policier du nom de Ron, ce qui a tant ravi les supporters de Colo qu'ils ont érigé une statue à son effigie. Il possède désormais sa propre page Facebook. La partie s'est terminée par l'arrestation de deux joueurs et de l'entraîneur de Boca.

Les deux équipes ont décidé de se réconcilier en rejouant le match, sous l'étiquette de la « Coupe de l'amitié », dans la ville argentine de Mar del Plata en février 1992. Tout s'est bien passé jusqu'à la cinquantième minute, lorsque Antonio Apud s'est fait tacler.

Sur fond d'insultes personnelles et de provocations, il y a eu une invasion sur le terrain, deux cartons rouges et une gigantesque émeute, mais cette fois-ci tous les joueurs ont participé.

LE PIRE CHANGEMENT AU FOOTBALL

Peu de remplaçants ont eu un impact aussi immédiat que le joueur suédois Andreas Johanson, entré en jeu pour Wigan lors d'un match de Premier League à l'extérieur contre Arsenal en mai 2006.

Il a couru sur la pelouse, commis une faute sur un adversaire, pris un carton rouge et concédé un penalty, grâce auquel Arsenal a marqué le but qui leur a offert non seulement le match, mais aussi le titre de champion. Johanson a passé quarante secondes sur le terrain et n'a même pas touché la balle. Si vous aviez baissé un instant les yeux sur le programme, vous l'auriez complètement raté.

LA PIRE MINUTE DE SILENCE

En février 1993, le Congleton Town F.C. a rendu un dernier hommage vibrant à son plus vieux supporter, Fred Cope. Dans le programme, il y avait un paragraphe touchant dans lequel on annonçait sa mort à l'âge de quatre-vingt-cinq ans et l'on décrivait comment il avait soutenu Congleton toute sa vie durant.

Les joueurs se sont alignés au milieu du terrain, tête baissée, pour faire une minute de silence. En prenant sa place habituelle en tribune, Mr Cope a demandé ce qui se passait, et ce n'est qu'en ouvrant le programme qu'il a compris.

« Les joueurs étaient déjà sur le terrain quand on a vu Fred arriver », a déclaré l'attaché de presse de Congleton, Chris Phillips. On a donc annoncé à la hâte que la minute de silence serait en fait en l'honneur du légendaire joueur anglais Bobby Moore. « On m'a regardé bizarrement quand je suis entré dans le stade », a dit Mr Cope. Le club lui a présenté ses excuses et fourni un bon fauteuil pour le reste du match.

QUIZ

LA PIRE ÉQUIPE DE FOOT BRITANNIQUE

Les journaux trouvent toujours le moyen d'écrire un article intitulé : « La pire équipe du pays ? » Mais qu'en est-il en réalité ?

Dans l'un des secteurs les plus disputés de notre domaine, vous avez le choix parmi les clubs suivants, qui ont tous un jour ou l'autre été nommés pire équipe de Grande-Bretagne par la presse locale :

1. East Stirlingshire, équipe qui a fini dernière du plus mauvais championnat d'Écosse pendant cinq ans, avant que ses buts soient volés et qu'elle termine avant-dernière.
2. Le Madron FC, de Penzance, qui a encaissé deux cent vingt-sept buts en une saison, y compris une défaite 55-0, record absolu en Grande-Bretagne. « Rien qu'aujourd'hui, j'ai reçu trois appels de gars qui veulent jouer contre nous », a déclaré leur entraîneur.

3. Les Beaumont Lions de Leicester, qui n'ont pas gagné de match pendant trois ans. Quand on leur a demandé de nommer leur meilleur défenseur, ils ont eu un fou rire.

4. Siliconix de Swansea, qui n'a gagné aucun match lors des trois ans suivant sa création et a encaissé cent quarante-deux buts en sept rencontres. Son meilleur résultat, une défaite 11-1 lors d'un match amical, est dû au fait que le gardien adverse avait la jambe cassée.

5. Harraby Athletic, qui a perdu son tout premier match 19-0 et enchaîné sur une série de quatre-vingt-dix défaites. Leur portier a sorti la balle de ses filets quatre cents fois en trois saisons. Pendant tout ce temps, ils n'ont marqué qu'un seul point, parce qu'une équipe adverse n'est pas venue à une rencontre.

6. Les Stamford Arms, dans la Lowestoft Sunday League, qui sont les seuls à avoir fini une saison avec moins deux points. Ils ont réussi à obtenir un match nul, mais on leur a retiré trois points un jour où ils n'ont pas réussi à aligner une équipe complète.

7. Arnos Town Juniors, club qui a perdu quarante-cinq matchs et encaissé l'impressionnant total de cinq cent trente buts en une seule saison. « Ils ont l'envie, mais aucune compétence et aucun talent footballistiques », a expliqué leur entraîneur, Kevin Cooper. Il a ajouté que non seulement le gardien était « un de ses meilleurs joueurs », mais aussi que toute l'équipe s'entraînait religieusement. C'est très important : on ne peut pas obtenir des résultats pareils sans entraînement.

Réponse : aucune des équipes ci-dessus.

La pire équipe de Grande-Bretagne se trouve être Northern Thistle, basée sur l'île écossaise d'Arran, qui n'a pas remporté le moindre match en seize ans. Leur dernière victoire remontait à 1992, mais personne ne se souvient de qui ils ont battu. Leur capitaine, Matt Milne, a dit : « On vient du nord de l'île et, en fait, on n'a que deux cents types parmi lesquels choisir les joueurs, et cent cinquante d'entre eux sont à la retraite. Il n'y a que trois gars de moins de quarante ans dans l'équipe, tous les autres sont crevés au bout d'une demi-heure de jeu. »

En août 2008, devant les caméras de Sky Sports, ils ont mis fin à leur incroyable série en gagnant 5-4 contre Southend United, équipe de l'autre côté de l'île, autrefois proclamée « pire équipe d'Écosse » et désormais en passe de récupérer son titre. « C'est officiel, nous sommes les plus mauvais. Pendant très longtemps, on a connu une période de marasme », a déclaré le capitaine, Eddie Picken.

13

À LA POINTE DE LA TECHNOLOGIE

« Si vous ne réussissez pas du premier coup,
peut-être que l'échec est fait pour vous. »

Quentin Crisp

LE PIRE USAGE D'UN TASER

Appelé pour une querelle familiale musclée entre un mari, une femme et leur fils adolescent à Auckland en novembre 2006, l'agent de police qui est arrivé sur place a d'abord essayé de hausser le ton. Lorsqu'il a compris que ce serait inutile, il a décidé de mettre le mari énervé hors d'état de nuire à l'aide de son nouveau Taser, pistolet à impulsion électrique dont il venait d'apprendre à se servir.

Son premier tir a atteint le chat, surpris, ce qui a au moins permis de le maîtriser. Le deuxième tir a touché l'adolescent, qui s'est effondré au sol. Une troisième salve est également allée se perdre dans le décor. Lorsque le policier a voulu enlever les cartouches usagées, il a oublié d'attendre que le cycle de déchargement de cinq secondes se termine et s'est lui-même envoyé cinquante mille volts.

Après avoir récupéré et rechargé, il a tiré deux coups de plus, qui ont fini dans le plafond. À ce moment-là, il a abandonné le Taser et sorti sa bombe lacrymogène pour tenter de s'occuper du mari. Le jet n'a pas atteint sa cible non plus, puisqu'il est arrivé dans l'œil de la fille du couple, âgée de vingt et un ans, qui venait de passer la tête pour voir ce qui se passait.

Face à un tel virtuose, le mari s'est rendu.

LES PIRES ERREURS SUR PHOTOSHOP

Tapez les mots « retouches Photoshop ratées » sur Google et vous serez récompensé par des millions d'images, toutes publiées après diverses améliorations utiles à l'aide de cet excellent outil.

La bonne nouvelle, c'est que les magazines d'aujourd'hui sont pleins de top models unijambistes ou dotées d'une troisième main. En effet, il est très courant et, admettons-le, très utile d'avoir trois mains. Dans les catalogues de maillots de bain, on peut retrouver ces mains posées sur l'épaule des mannequins, ce qui leur offre un grand réconfort après une rude journée de labeur. Même le journaliste Max Hastings a eu droit à une main solitaire, placée sur la grille de sa jolie maison de campagne comme si elle en était la propriétaire.

On trouve de nombreux arbitres de basket sans tête et des arbitres de rugby sans corps. Grâce à ce nouveau procédé, il est maintenant possible pour un mannequin noir d'avoir un corps blanc de l'autre côté d'un paquet de céréales. Même le cosmos peut être amélioré, comme dans une publicité pour des meubles avec deux soleils.

Les célébrités sont particulièrement touchées. Le président français Nicolas Sarkozy a eu droit à trois jambes, le fils d'Angelina Jolie et de Brad Pitt deux têtes et Miley Cyrus trois mains. Christina Aguilera tient son chien avec des doigts semblables à une étrange griffe extraterrestre, Amy Winehouse a été aperçue avec dix doigts à une main et le cou de Penélope Cruz a déjà été allongé d'au moins trente centimètres.

Les gens bien intentionnées craignent que les images retouchées avec Photoshop ne donnent aux jeunes filles impressionnables une idée irréaliste de ce à quoi elles devraient ressembler. En effet, c'est assez inquiétant.

LA PIRE UTILISATION D'UN GPS

Le champion en titre dans cette catégorie s'appelle Nacdet Bakimci. Ce camionneur syrien, qui est parti de la ville turque d'Antioche en 2008, s'est beaucoup plus égaré à cause de son GPS que n'importe qui au monde. Au lieu de se diriger vers la pointe sud de l'Espagne, il s'est retrouvé à deux mille cinq cents kilomètres de là, avant de pénétrer avec son camion plein de voitures de luxe dans la réserve naturelle de Gibraltar Point près de Skegness, en

Angleterre. Un ornithologue amateur, à qui notre homme a demandé la direction de Corral Road — située en réalité sur le territoire britannique d'outre-mer de Gibraltar — a raconté que le camionneur « ne semblait pas plus contrarié que ça ».

LA PIRE INFORMATISATION

En 1993, la SNCF a décidé de mettre en place Socrate, un système informatique dernier cri qui promettait de faire face à l'augmentation prévue du nombre de réservations de billets, de quarante à cent quarante millions en une décennie. Cet ordinateur ingénieux, pionnier du voyage en train à moindres frais, faisait payer zéro franc pour un Paris-Francfort. Il a aussi fait bon usage du réseau ferroviaire en envoyant des trains circuler à vide dans toute la France.

Les agences de voyages devaient déchiffrer le code complexe qui indiquait la destination (01B1NN ! 460 “FIN”) puis taper des formules spécifiques au trajet de la réservation souhaitée, comme « EW$FC AS QICS 45 ». Ce qui était merveilleux, c'est que si l'on se trompait d'un seul chiffre ou symbole, le voyageur gagnait la possibilité de visiter une autre région de France que celle qu'il désirait. Évidemment, les ordinateurs, grâce à leurs puces et leurs câbles, auront toujours un plus gros potentiel que les *Homo sapiens*, mais il nous reste un rôle crucial à jouer.

LE PIRE JEU VIDÉO

Au cœur d'un domaine extrêmement compétitif, *E.T. L'extraterrestre* a été nommé pire jeu de tous les temps par *PC World*, *Electronic Gaming Monthly* et *FHM*. Dans ce fabuleux moyen de divertissement, l'extraterrestre du film bien-aimé devait sauter dans des trous qui ressemblaient à des pots de chambre et trouver les différents morceaux de son téléphone. Pour le sortir des crevasses, il fallait lui étirer la nuque jusqu'à ce qu'il atteigne très, très, très lentement le bord. À ce moment-là, vous aviez une nanoseconde pour cesser d'appuyer sinon il retombait au fond du précipice. Les joueurs devenaient plutôt bons au bout d'une vingtaine d'essais.

Atari a fabriqué cinq millions de cartouches de ce jeu. D'après le directeur de la société : « Elles sont presque toutes revenues », à tel point que, même gratuites, les enfants n'en voulaient pas. Atari a fini par balancer le tout dans une décharge au Nouveau-Mexique et les recouvrir de ciment.

LA PIRE RECHERCHE SUR INTERNET

Internet est un outil de recherche fascinant, et l'équipe de football grecque Aris Thessaloniki en a bien profité en février 2011, alors qu'elle se préparait avant un match d'Europa League contre Manchester City, le club le plus fortuné du monde.

En cherchant une photo de l'onéreuse formation mancunienne pour la mettre dans le programme officiel du match, l'équipe éditoriale a trouvé une image qui parodiait *Où est Charlie ?* et ne s'en est pas rendu compte.

Grâce à son propriétaire milliardaire, le club s'offrait régulièrement des tas de superstars du ballon rond. Ce qui explique pourquoi le photomontage satirique montrait une équipe de soixante-dix-sept joueurs au lieu des vingt-cinq maximum autorisés. Assis sur sept énormes rangées, le grand rassemblement comprenait huit gardiens internationaux réputés et tous les plus grands joueurs de la planète, de Drogba (Chelsea) à Kaká (Real Madrid). On y trouvait également Charlie, mascotte du fameux livre pour enfants qui a pour habitude de se cacher au milieu de la foule, vêtu de son célèbre pull rouge et blanc, afin que les jeunes enfants à l'œil aguerri puissent passer des heures à le chercher (il était assis sur la troisième rangée, à côté du joueur du FC Barcelone Zlatan Ibrahimović).

LES PIRES EFFETS SPÉCIAUX

Sorti en 1953, *Robot Monster* a été immédiatement salué par la critique comme « l'un des pires films jamais réalisés, sans aucun doute » ; il doit cela presque entièrement à son inégalable collection d'effets spéciaux.

Le personnage principal, un robot qui a été nommé « monstre le plus ridicule de l'histoire du cinéma » aux Golden Turkey Awards de 1978, était interprété par un acteur en costume de gorille avec un casque de scaphandrier, le tout couronné d'antennes qui s'écartaient comme des oreilles de lapin.

Le film raconte l'histoire de deux scientifiques, que l'on ne voit jamais, mais qui s'échappent néanmoins à bord d'une fusée vers une station spatiale. Fort heureusement, on a le droit à ladite station, un avion miniature avec un cierge magique attaché dessus. Lorsqu'elle explose, le spectateur peut apercevoir le bâton et la main gantée qui le tient.

Le nombre incroyable de bulles de savon est également fascinant ; de nombreux films sont dépourvus de bulles, ou n'en ont pas assez, mais on ne peut faire ce reproche à *Robot Monster*.

Le sponsor du film, N.A. Fisher Chemical Products Ltd, venait de mettre au point une « machine automatique à milliards de bulles », citée au générique. Cette belle invention apparaît à l'écran à intervalles réguliers et émet une grande quantité de bulles, pour des raisons qui ne sont judicieusement jamais expliquées.

LE MODE D'EMPLOI LE PLUS INCOMPRÉHENSIBLE

Le journal de l'Institute of Scientific and Technical Communicators, toujours très vigilant, a attiré l'attention sur l'énigmatique instruction suivante, tirée du manuel d'un appareil électronique pour avion :

> Le système de guidage interne utilise des déviations pour générer les commandes de correction afin de piloter l'avion d'une position où il se trouve à une position où il n'est pas. L'appareil arrive à la position où il n'est pas, ainsi la position où il se trouvait devient la position où il n'est pas. Dans le cas où la position dans laquelle il se trouve à présent n'est pas la même que la position où il n'était pas à l'origine, le système va opérer une variation (les variations sont causées par des facteurs extérieurs et la description desdits facteurs dépasse l'étendue de ce simple manuel).

LA PIRE DÉTECTION DE MÉTAUX

En juillet 1986, on a demandé à un pompier hors pair de localiser les bouches d'incendie qui avaient été recouvertes de macadam par erreur sur les routes de Bath. À l'aide d'un détecteur de métaux spécial, il en a trouvé une presque immédiatement, mais après avoir creusé à l'emplacement en question, on n'a rien trouvé. L'inépuisable fonctionnaire a fait creuser sept énormes trous sur la même route, jamais aux bons endroits, avant de se rendre compte que c'était la coque en métal de ses chaussures qui déclenchait l'appareil.

LA PIRE PLAGE

Nous les humains, nous exploitons les dons de Mère Nature pour satisfaire nos besoins. Partout, on ne fait que prendre, prendre, prendre, sauf à Burnham-on-Crouch, qui semble être la seule ville à avoir donné en retour.

En 1994, le conseil municipal, qui sentait le besoin de faire construire une attraction touristique, a demandé à la National Rivers Authority de créer une plage artificielle à West Quay, sur l'estuaire. Le tout allait tenir en place grâce à un dispositif technologique qui impliquait des barrières en acier.

À la première marée, les trois cents tonnes de sable ont été balayées par la mer. « Ils nous avaient dit que ça n'arriverait pas », a fait observer le maire de Burnham.

LA PIRE TENTATIVE DE COMMUNICATION AVEC LES EXTRATERRESTRES

Les scientifiques avaient enfin réussi à contacter une présence extraterrestre. Pendant des années, l'institut SETI (SEarch for Extraterrestrial Intelligence) a ratissé huit cents étoiles et planètes pour trouver des signes de vie ailleurs dans la galaxie. Et soudain, les chercheurs de la station située dans la brousse australienne ont repéré un signal. D'après le docteur Peter Backus, « il était très sonore ».

Au début, ils n'arrivaient pas à le croire, mais cela s'est reproduit tous les soirs à la même heure. E.T. essayait d'entrer en contact avec eux. La liesse était sans limites. Enfin ils avaient la preuve de l'existence d'une nouvelle forme de vie et de nouvelles civilisations, Là-haut !

Le 16 janvier 1996, le docteur Backus s'est exprimé à l'American Astronomical Society du Texas au sujet de cette découverte : « C'était le micro-ondes de la cuisine. On trouvait ça curieux que cela n'arrive qu'à l'heure des repas. »

NOUVELLES TECHNOLOGIES ET UTILISATION CRIMINELLE

TIRER LE MEILLEUR PARTI D'UNE CAMÉRA DE SURVEILLANCE

En avril 1993, Steve Driscoll est entré dans le magasin Sony de Cardiff avec l'intention de voler un caméscope. Il a balayé le rayon du regard et repéré celui qu'il voulait, sans se rendre compte qu'il s'agissait de la caméra de surveillance du magasin.

Il a attendu que le magasin soit bondé, ce qui était sympathique de sa part, puis il s'est mis à sauter devant l'objet pour essayer de l'attraper, sous les yeux d'une foule ravie et de plus en plus nombreuse. « Il regardait directement dans l'objectif », a déclaré Dean Clark, le responsable du magasin. « Nous avions la meilleure image de lui possible, encore mieux qu'une photo d'identité. Il aurait tout aussi bien pu prendre la pose et envoyer le cliché à la police avant de commettre son délit. »

GPS : UTILISATION AVANCÉE

Kurt Husfeldt a été surpris de voir la police frapper à sa porte alors qu'il revenait à peine de commettre un vol, en juin 2007. « Il était stupéfait que nous ayons pu le retrouver aussi vite », a raconté un porte-parole de la police de Suffolk County.

Il s'était introduit dans l'entrepôt public de Babylon à Lindenhurst, dans l'État de New York, et avait attrapé une caisse de ce qu'il croyait être des téléphones portables. En fait, elle contenait quatorze GPS destinés à la police, pour les aider à retrouver les déneigeuses perdues dans les congères. Quand il est rentré chez lui, Mr Husfeldt en a allumé un pour voir comment ils marchaient. Les policiers ont repéré le signal et se sont dirigés droit sur lui.

TÉLÉPHONES PORTABLES : UN PAS EN AVANT DANS LA BONNE DIRECTION

En septembre 2001 à Hastings, un voleur venait de dérober un sac à main et s'enfuyait avec à toutes jambes lorsqu'un téléphone s'est mis à sonner à l'intérieur. D'une politesse exemplaire, non seulement il a décroché, mais il a également donné sa position exacte à l'agent Jason Tuck à l'autre bout du fil.

Mr Tuck a dit : « Écoutez, vous pouvez garder l'argent, mais laissez le sac et le téléphone quelque part, d'accord ? »

— Je le laisse là », a répondu le voleur. Quand le policier lui a demandé : « Où ça, là ? », il a précisé : « Devant le cinéma.

— On t'a bien eu », a répondu l'agent Tuck, qui se trouvait alors juste derrière lui.

14

ICI ET MAINTENANT

« L’échec, c’est quelque chose d’authentique,
et comme c’est authentique, c’est vrai,
véritable, et c’est pour cela qu’il s’agit
d’un état de pureté totale. »

DOUGLAS COUPLAND

LE PIRE PARC D'ATTRACTIONS

Enfin un parc d'attractions qui vaut la peine d'être visité. Les vœux de ceux qui en avaient marre de faire toujours les mêmes excursions dans les parcs des grandes multinationales ont été exaucés en 2010 lors de l'ouverture du Lapland New Forest près de Bournemouth.

Celui-ci promettait « une féerie hivernale » avec des animaux, une patinoire, des chalets couverts de neige, une crèche, un « tunnel de lumière magique », un ours polaire, et chaque visiteur se ferait escorter jusqu'à l'igloo du Père Noël par Seamus le lutin. « Vous serez époustouflés par l'attention portée aux petits détails dans notre parc », annonçait la brochure publicitaire. En effet, c'était époustouflant.

Un paysage enchanté apparaissait sous les yeux des visiteurs émerveillés. L'endroit ressemblait « à une zone de guerre », a-t-on pu entendre. Suite à une panne de générateur, la patinoire s'était transformée en deux grosses flaques.

Le tunnel magique n'était autre qu'un amas de guirlandes accroché à des arbres recouverts de fausse neige. L'ours polaire était en plastique. La crèche consistait en un panneau « peint par des amateurs » sur lequel on pouvait voir des montagnes sablonneuses, trois chameaux et une étoile. Des cabanes de jardin faisaient office de chalets. Quant aux animaux, on dénombrait une poignée de rennes, quelques « huskies à l'air maigrichon qui jappaient, attachés dans un enclos », et plusieurs poulets. Et aucune trace de Seamus le lutin. On a même dû consoler un enfant qui avait trouvé le Père Noël en train de fumer devant son igloo.

Dans d'autres parcs d'attractions, les gens errent comme des zombis sous sédatif sans jamais s'impliquer ni réagir, mais pas là. En un rien de temps, les visiteurs ont formé une foule très animée devant le bureau du directeur. Le Père Noël s'est fait agresser, et l'un des lutins s'est fait taper dessus et envoyer valser dans un landau.

Bon nombre d'entre nous auraient payé cher pour assister à ce régal de divertissement, mais le parc a fermé au bout d'une semaine parce qu'ils faisaient payer la somme écœurante de 30 livres par billet. Peu de choses dans ce monde valent vraiment 30 livres, même pas celle-là.

LA PIRE DESCENTE CHEZ UN TRAFIQUANT DE DROGUE

Toujours vigilants dans la lutte contre le trafic de drogue, les policiers de Bradford ont rapidement réagi lorsqu'un de leurs hélicoptères a repéré un « point chaud » au domicile de Pam Hardcastle en janvier 2011. Soupçonnant la présence d'une plantation de cannabis, la brigade a foncé sur place. Six agents sont sortis avec un bélier pendant que le reste de l'équipe a ratissé le périmètre pour chercher Ms Hardcastle.

L'endroit s'est révélé être un garage, dans lequel ils ont trouvé un radiateur et deux cochons d'Inde appartenant à Jack, son fils de dix ans. « Quand je leur ai ouvert et qu'ils ont vu Simon et Kenny, ils n'ont rien dit. Ils sont restés deux secondes dans le garage et ils sont repartis », a raconté Ms Hardcastle.

Les cochons d'Inde sont des animaux sournois, parfaitement capables de faire tourner un trafic de drogue, mais il est difficile de leur mettre quoi que ce soit sur le dos.

LA PIRE ANNONCE D'UN RÉSULTAT À LA TÉLÉVISION

Normalement, lors d'une finale d'*Australia's Next Top Model*, une seule personne a la chance de devenir une formidable perdante, admirée par tous pour sa grâce et sa dignité dans la défaite. Mais en 2010, les choses ont changé, repoussant les limites du possible dans ce genre d'émissions.

Lors de la dernière soirée, il ne restait plus que deux candidates et l'Australie retenait son souffle. Qui de Kelsey ou d'Amanda remporterait le contrat de mannequinat ?

« Et la gagnante est... », a commencé la présentatrice, Sarah Murdoch. S'est ensuivie l'habituelle pause, suffisamment longue pour aller se faire un thé, rendre visite à sa mère et repeindre le palier. « C'est toi, Kelsey ! »

Le public s'est déchaîné, et tous les yeux se sont tournés vers la perdante.

« Je voudrais remercier ma concurrente, qui a été formidable, a dit Kelsey au sujet d'Amanda. Je veux dire, elle est géniale, n'est-ce pas ?

— Merci beaucoup », a répondu Amanda, qui avait adopté une expression très patiente et stoïque.

Kelsey s'est lancée dans l'énumération traditionnelle des remerciements à tout le monde. Puis il y a eu un drame. Ms Murdoch, qui écoutait le producteur lui parler dans l'oreillette, s'est agitée. « Oh, mon Dieu, je ne sais pas quoi dire. Je suis très mal à l'aise. »

Le public s'est tu.

« Je suis vraiment désolée. Oh, mon Dieu. » Ms Murdoch a mis la main devant la bouche. « C'est Amanda. Je suis désolé. On m'a mal transmis l'information.

— C'est rien, ne vous en faites pas », a dit Kelsey, qui a su saisir sa chance au centre du plateau et se délecter d'une digne défaite sous les projecteurs. « Ce n'est pas grave, c'était une erreur. C'est rien. » Elle était formidable. Franchement, il était difficile de les départager.

LE PIRE LANCEMENT D'UN LIVRE

En avril 2010, la maison d'édition Penguin Australia a dû détruire sept mille copies de *The Pasta Bible* à cause d'une coquille, qui indiquait au lecteur d'utiliser « du sel et du pauvre noir fraîchement moulu » dans une recette de tagliatelles aux sardines et au *prosciutto*, au lieu de « poivre noir ». Cet exploit a été éclipsé à peine six mois plus tard lorsque HarperCollins a publié huit mille exemplaires non pas de la version finale du roman de Jonathan Franzen, *Freedom*, mais d'un brouillon antérieur, bien plus spontané.

D'après son auteur, le livre comportait « des centaines de fautes d'orthographe, de syntaxe et de sens » ainsi que « des changements mineurs mais visibles sur les personnages de Jessica et Lalitha ».

Une ligne directe a même été mise en place pour

proposer aux lecteurs d'échanger leur livre plein de bourdes contre sa version corrigée. Sans surprise, une bonne partie a choisi de garder l'original. Un porte-parole des librairies Waterstone's a dit qu'ils n'avaient reçu aucune plainte concernant l'édition erronée. En effet, quand la nouvelle concernant les fautes s'est répandue, tout le monde a voulu acheter la version criblée d'imperfections. « Je ne serais pas surpris que de nombreuses personnes viennent pour se la procurer. »

Ironie du sort, le précédent ouvrage de Franzen s'appelait *Les Corrections*.

LE PIRE MUSICIEN DE RUE

Nommé musicien de rue le moins mélodieux de toute la Grande-Bretagne en décembre 2010, Beyan Bryn partait avec l'énorme avantage d'être sourd, mais son œuvre repose sur bien plus que ça.

Mr Bryn a rapidement obtenu une certaine reconnaissance : « Il faut qu'il arrête d'essayer de divertir le public », disaient les critiques. À l'instar de Vincent Van Gogh, les gens ne l'ont pas compris tout de suite.

Deux fois par semaine, il quitte son domicile d'Ely, dans le Cambridgeshire, pour se rendre sous les jolies lumières de Bury St Edmunds afin de les charmer avec ses chansons de marin. Équipé d'appareils auditifs dans les deux oreilles, il prend sa place habituelle près du marché et s'accompagne lui-même à la scie musicale. « Si ce n'est pas lui le pire musicien de rue du monde, il ne doit pas en être loin », a déclaré Paul Kempson, habitant de Bury St Edmunds. « Tout ce qu'il chante sonne pareil, et on n'arrive jamais à reconnaître les chansons. »

En réalité, ce n'est pas lui le pire de tous les temps. Cet honneur revient à feu le génial Mushroom Mick, qui a remporté ce titre dans un sondage de *News of the World* suite aux propos du député de Bath qui l'accusait de faire fuir les touristes du centre-ville avec son « chant nasal et faux ». Après avoir enchanté Bath puis Totnes, il a déménagé à Glastonbury, où l'on pouvait souvent l'entendre chanter « All along the Watchtower » devant la banque NatWest. Le grand homme se classait lui-même au niveau des Sex Pistols, en matière de musique.

L'ART DE SE PERDRE

En novembre 2010, John Marsden est parti de chez lui, à Bolton, à huit heures et demie du matin pour aller passer quinze jours dans une caravane à Rhyl, au nord du pays de Galles ; trajet qui aurait dû prendre une heure et demie, grand maximum. Au volant de sa Vauxhall Cavalier, il disposait de ce qu'il a décrit comme un « livre de cartes ».

Arrêté près de Bangor quatorze heures plus tard après

avoir conduit dix kilomètres à contresens sur une quatre voies, Mr Marsden a révélé qu'il était membre d'une amicale d'automobilistes chevronnés et que l'année précédente il avait réussi à rentrer sans encombre du Kent, mais aussi de l'île de Kos, en Grèce.

Il a qualifié sa journée de « floue » et a déclaré avoir fait plusieurs fois demi-tour pour demander son chemin, mais « personne ne semblait se mettre d'accord ».

Un tel voyage nécessite beaucoup de talent au volant, et il a décidé d'arrêter tant qu'il était au sommet. « Je possède une superbe trottinette électrique. À l'avenir, c'est ça que je conduirai. Elle ne monte qu'à douze kilomètres-heure. » Voilà qui promet beaucoup de nouvelles opportunités : ce n'est pas une fin, mais un nouveau départ.

LA CONFÉRENCE LA PLUS ENNUYEUSE

En décembre 2011 au Dominion Theatre de Londres, la Boring Conference a fait salle comble. Son organisateur, James Ward, a ouvert les festivités en parlant de sa collection de cravates, qu'il a décrite en détail.

Il a noté qu'en juin 2010, il possédait cinquante-cinq cravates, dont 45,5 % étaient unies. Au mois de décembre, sa collection avait augmenté de 36 %, mais la proportion de cravates unies avait chuté de 1,5 %. « Les cravates sont de plus en plus chamarrées », a-t-il remarqué.

Ce discours a été suivi d'un atelier dégustation de lait au cours duquel un connaisseur a fait tourner, senti et goûté cinq laits différents dans des verres à vin, en commentant leur arôme, leur arrière-goût et la nourriture qui irait bien avec.

Une conférence très attendue a ensuite été donnée par Peter Fletcher, qui a répertorié tous ses éternuements depuis 2007. À l'aide de graphiques et de tableaux, Mr Fletcher a révélé qu'il avait éternué deux mille deux cent soixante-sept fois lors des mille deux cent quarante-neuf derniers jours. « Il m'est même arrivé d'éternuer alors que j'étais en train de prendre note d'un éternuement. »

Après une pause bien méritée, un tirage au sort a eu lieu. Les gagnants sont repartis avec un DVD intitulé *Helvetica*, un documentaire sur les polices de caractères.

LA DESCENTE DE POLICE UN PEU EN RETARD

À la tête de l'opération, sir Paul Stephenson, fraîchement nommé commissaire de la Metropolitan Police, a entamé son mandat sur les chapeaux de roues en mars 2009. De bon matin, il a mené en personne une unité d'élite au cours d'une descente pour arrêter le chef d'un célèbre gang de cambrioleurs.

Dans cette opération de haut niveau, quatre-vingts agents de police et inspecteurs, dont sir Paul lui-même, ont pris d'assaut plusieurs adresses dans le Surrey et au sud de Londres. Certains des hommes étaient équipés de Taser. Un hélicoptère survolait la maison du big boss tandis que des agents défonçaient la porte avec un bélier, porte qui avait sûrement besoin d'être enlevée de toute façon.

Une fois à l'intérieur, sir Paul a appris que le chef de gang n'était pas là, mais en prison, car il avait été arrêté cinq heures plus tôt par les policiers du coin, avec neuf de ses complices. « C'était une opération très professionnelle », a déclaré sir Paul.

LES PIRES SOUS-TITRES POUR LES MALENTENDANTS

La reconnaissance vocale s'est montrée très efficace pour sous-titrer les programmes télévisés. Avant cette grande avancée technologique, les sténographes de la BBC tapaient phonétiquement les mots au moment où ils étaient prononcés.

Aujourd'hui, les ordinateurs savent reconnaître les mots, ce qui est bien mieux, notamment lorsqu'ils emploient un mot qui ressemble à celui qui a été prononcé, mais qui apporte un nouveau sens à la phrase.

Durant les funérailles de la reine mère en 2002, par exemple, les paroles solennelles « Nous allons maintenant faire une minute de silence en l'honneur de la reine mère» se sont transformées en «une minute de violence».

En janvier 2011, pendant un reportage sur l'élevage des cochons diffusé lors d'une émission matinale de la BBC, un envoyé spécial expliquait au présentateur dans le studio que les porcs «adoraient grignoter tout ce qui leur passe sous le nez, par exemple nos bottes».

L'ordinateur a repéré une opportunité et a choisi d'entendre que les porcs «adoraient grignoter tout ce qui leur passe sous le nez, par exemple nos bites».

À la seconde même où ce sous-titre est apparu, avec son regard nouveau sur le comportement des cochons, Internet s'est enflammé. Le reportage en lui-même est complètement tombé dans l'oubli.

LES PIRES JEUX DU COMMONWEALTH

En temps normal, pour échapper aux Jeux, il faut un mot du médecin, ce qui peut prendre du temps. Cependant, les organisateurs des Jeux du Commonwealth de 2010 à Delhi ont pris des dispositions spéciales pour faciliter le processus.

Tout d'abord, un pont qui menait au parking des athlètes s'est effondré, comme le tableau d'affichage du stade et le plafond de la salle d'haltérophilie. Alors qu'on craignait une potentielle montée des eaux, le village des athlètes a été condamné par les organisateurs, qui l'ont qualifié d'impropre à accueillir des gens parce que les toilettes étaient bouchées.

Ensuite, on a retrouvé un serpent venimeux sur le court de tennis et des traces de pattes sur les lits des sportifs, les moustiques ont amené avec eux le risque d'une épidémie de dengue, et les nageurs ont tous attrapé la diarrhée.

On a fait venir des langurs, primates très intelligents, spécialement entraînés pour protéger les athlètes et les spectateurs des attaques des macaques à bonnet, juste avant la grève des chauffeurs de bus et les problèmes techniques du métro.

Une semaine avant la date fatidique, on a annoncé à de nombreux athlètes qu'ils avaient le choix de participer ou non. Esquiver les Jeux n'avait jamais été aussi facile.

15

PAS DE FUMÉE SANS FEU : LES INCLASSABLES

« Comme je l'ai dit,
il n'y a rien de mal à échouer. »

Henry Cravis, financier américain

Arrive un moment où nous avons clairement l'obligation d'abandonner. J'ai atteint ce moment en essayant de retracer les histoires suivantes, qui échappent toutes à une vérification formelle.

LE PIRE BULLETIN MÉTÉO

Dans les années quatre-vingt-dix, le journal télévisé d'une chaîne de Delhi a dû supprimer son bulletin météo quotidien parce que le présentateur n'arrêtait pas de se tromper. Un soir, il a conseillé aux téléspectateurs de garder une petite laine, et le lendemain la température est montée à 39 °C. Le soir suivant, il a promis plus de soleil, et il est tombé dix centimètres de neige.

Il a fini par fondre en larmes en direct et expliquer que les conditions météo étaient très curieuses pour un mois d'avril. La chaîne a coupé la diffusion.

Un des présentateurs du journal s'est exprimé au sujet de l'abandon du bulletin : « La météo est devenue trop complexe, mais nous espérons retrouver les prévisions sur notre chaîne en mai : comme il fait toujours très chaud, notre présentateur devrait y arriver. »

LE PIRE SPECTACLE HISTORIQUE

Dans une ville de l'Essex, l'organisation d'un spectacle en hommage aux événements historiques locaux a été annulée, car on a découvert qu'il n'y en avait pas. Après six mois de recherches menées par un spécialiste des reconstitutions historiques, il s'est avéré qu'en huit cents ans d'histoire, les seuls faits marquants de la ville consistaient en la création d'une ligne de chemin de fer secondaire à l'époque victorienne et un soulèvement mineur lors de la révolte paysanne de 1381 qui n'a eu aucune conséquence durable. Aucun des deux n'a été jugé suffisamment intéressant pour organiser un spectacle.

D'autres endroits plus excitants mettent sans arrêt en place des reconstitutions des événements bruyants et souvent perturbants de leur histoire. Dans cette bourgade merveilleusement calme, en revanche, le comité local a suggéré qu'on organise un défilé avec une troupe de danseuses du ventre bien mises en valeur dans une scène des *Mille et Une Nuits*, ce qui semble plus attrayant.

LE PIRE ARBITRE DE FOOTBALL

L'arbitre le plus impressionnant de l'histoire du football s'est expulsé lui-même du terrain parce qu'il était trop nul.

Visiblement décidé, il venait de renvoyer le mauvais joueur lors d'un match de coupe senior du Hampshire opposant deux équipes de Bournemouth. Tandis que l'attaquant déshonoré, Wayne Pigford, quittait la pelouse, son honnête coéquipier a couru auprès de l'arbitre pour avouer que c'était lui qui avait agressé le gardien adverse, et pas du tout Mr Pigford.

L'arbitre a alors pris les choses en main et, à la surprise des spectateurs, a sorti un carton rouge, l'a tendu à lui-même et a quitté le terrain dix minutes avant la mi-temps. Pour sa défense, il n'a pas grogné de rage ni levé les yeux au ciel d'incrédulité, ce qui est souvent le cas lors d'une expulsion.

« Depuis que je joue au football, je n'ai jamais vu ça, a déclaré un joueur. Il marchait vers les tribunes, et on a tous cru qu'il allait parler à l'arbitre assistant, mais il ne s'est pas arrêté. »

LE PILIER DE COMPTOIR LE PLUS ENNUYEUX

Écrasant sans effort deux cent soixante concurrents de premier ordre, un marin à la retraite a remporté le prix du pilier de pub le plus ennuyeux de l'année, décerné en 1994 par un magazine spécialisé dans la bière. « Des gens vraiment rasoirs avaient été nominés, mais il leur a tenu tête ; il sortait vraiment du lot », a déclaré l'organisateur du concours.

Même si notre homme devait faire face à un homme originaire d'Ipswich capable de raconter en détail l'extension de sa véranda, ses supporters, habitants de Hayle en Cornouailles, demeuraient confiants. « C'est forcément lui. Il radote sans arrêt. Absolument sans cesse », a raconté la barmaid, mettant au défi ses adversaires.

Toujours prêt à partager son temps et son expérience, ce formidable artiste atteignait son meilleur niveau quand il se lançait sur les horaires de bus, la non-fiabilité des batteries de son sonotone et sa carrière dans les Royal Marines. Il a remporté le concours haut la main après un discours magistral sur le manque d'abribus à Hayle.

LE PIRE BRAQUAGE DE BANQUE DANS UN VILLAGE

En 1987, une agence locale de la Barclays a été la cible d'un braquage de connaisseur. À l'heure du déjeuner, de nombreuses personnes faisaient la queue au guichet lorsqu'un retraité s'est faufilé sous la barrière, a brandi un pistolet par-dessus le comptoir et exigé tout l'argent de la caisse.

L'employé de banque allait suivre les instructions de son supérieur, à savoir donner un peu d'argent et appuyer sur le bouton d'alarme, lorsqu'un second retraité est arrivé derrière le premier, l'a attrapé par la peau du cou et l'a fait sortir de l'agence en criant : « Faut faire la queue ! » Le guichetier aurait plus tard déclaré : « Nous avons été vraiment soulagés. »

LA PIRE AFFICHE DE POLICE

En janvier 1988, le service de police ferroviaire australien a affiché la photo de ce qu'ils croyaient être un fraudeur devant le tourniquet de la station Calvary. L'affiche a été retirée quand on a découvert que la personne en question n'était autre que le maire de la ville.

LA PIRE DÉMONSTRATION D'INVENTION

En 2001, un inventeur sud-africain a lancé un nouveau produit révolutionnaire : une coque de protection pour l'entrejambe des joueurs de cricket. Lors d'une conférence de presse, il a expliqué que l'objet était équipé d'un système de ressorts qui permettait de réduire l'impact des balles rapides.

Vêtu du seul suspensoir contenant la coque, pour permettre aux journalistes de prendre la photo parfaite, il a déclaré : « Comme vous pouvez le constater, l'appareil s'ajuste bien sur l'aine », ajoutant qu'il l'avait testé lui-même en se donnant des coups de batte de cricket dans les parties génitales. Il était donc prêt à le prouver devant un public, à qui il a demandé de lui lancer des balles de cricket.

Quelques minutes plus tard, alors qu'on l'emmenait à l'hôpital, il a annoncé en grimaçant qu'il faudrait compter un petit délai supplémentaire pour améliorer l'objet avant d'entamer la production.

LE PIRE CONCOURS DE CHÂTEAUX DE SABLE

Ravie de voir le gouverneur local arriver en aéroglisseur à l'inauguration d'une compétition de châteaux de sable au

Canada, la foule enthousiaste s'est précipitée sur la plage et a détruit la plupart des œuvres.

Parmi celles-ci, devenues méconnaissables, une réplique du Parlement du Canada avait nécessité vingt-sept heures de construction. La seule œuvre intacte, une reproduction de l'asile psychiatrique de White Rock, a remporté la compétition.

« Nous ne savions pas que le gouverneur était si populaire », a raconté l'organisateur du concours.

LE PIRE PÊCHEUR

Dans le domaine de la pêche, un homme a largement dépassé tous les autres. En quarante ans de pratique, il n'a jamais attrapé un seul poisson. Extrêmement enthousiaste, il a participé à de nombreux concours et n'hésitait pas à parcourir de longues distances pour aller découvrir un nouveau lac très poissonneux. Il était complètement mordu, même si rien ne mordait jamais.

Quatre décennies durant, il a profité du grand air, de la météo, de l'onde pure, de la rare apparition d'une nageoire parmi les roseaux et de l'encore plus rare lutte au bout de sa ligne, mais il a toujours laissé les poissons nager sains et saufs dans les cours d'eau de Grande-Bretagne.

À l'âge de soixante-dix ans, ce pêcheur — qui serait un tourneur sur bois du Staffordshire du nom de Mr Golder

— s'est rendu dans un complexe halieutique du Devon, où il a tout gâché en attrapant une carpe de trois kilos.

LE PIRE BRAQUAGE D'UN BUREAU DE POSTE

Mars 1988 : l'employé d'un petit bureau de poste du Yorkshire venait de s'occuper d'un client lorsqu'un homme est entré, a sorti un fusil à pompe de sous son manteau et a demandé l'argent. Avant qu'il se passe quoi que ce soit, un autre homme est arrivé et a dit au braqueur : « Salut, Russell ! Qu'est-ce que tu fais là ? »

Le type a répondu : « Ferme-là et reste où tu es, Henry Jones », et il lui a pointé son arme dessus, après quoi Mr Jones s'est évanoui.

Le braqueur a alors jeté son fusil et s'est enfui en criant : « Tu as tout fait foirer ! »

LE PIRE SORCIER

Un éminent sorcier sud-africain a proposé ses services pour faire acquitter les accusés lors de leurs procès. En mai 1994, trois de ses clients comparaissaient pour cambriolage à Port Elizabeth lorsque notre homme est arrivé pour tirer les choses au clair.

Il s'est approché du tribunal avec deux poulets et il a commencé à lancer des sorts, à psalmodier et à agiter sa volaille devant le bâtiment. Les magistrats sidérés ont regardé les poulets se faire la malle, puis le sorcier s'est mis à boire un liquide marron qui contenait des entrailles d'animaux, avant de recracher la potion nauséabonde sur la porte du tribunal.

Il est ensuite entré en lançant de la poudre et des viscères sur le juge et deux témoins, à qui il était supposé porter malheur.

Son rituel a été interrompu par les policiers qui l'ont embarqué. Le juge a condamné les clients de notre héros à cent ans de prison à eux trois, décision que tout le monde a trouvée sévère, puis on a confisqué les poulets.

LE PIRE COUP AU GOLF

En octobre 1987, Mathieu Boya a profité de sa pause déjeuner pour aller s'entraîner un peu au golf près d'une base aérienne béninoise.

Avec un slice parfait, il a envoyé la balle par-dessus la grille. Celle-ci a heurté un oiseau de passage qui s'est mis à tousser et à crier avant de plonger vers la piste, où il est venu s'écraser contre le pare-brise d'un avion sur le point de décoller. Surpris, le pilote a freiné brutalement, dérapé, et s'est encastré dans les quatre seuls avions de chasse du Bénin.

En un seul drive, ce grand athlète a annihilé l'intégralité de la flotte aérienne militaire de son pays.

16

L'ART D'AVOIR TORT

« Il n'y a aucune raison pour que quiconque désire avoir un ordinateur chez soi. » Ken Olsen, Digital Equipment Corp., 1977.

« Dans le futur, les ordinateurs pèseront peut-être à peine une tonne. » *Popular Mechanics*, prédisant l'avancée implacable de la science en 1949.

« Ce "téléphone" a trop de défauts pour être considéré comme un moyen de communication sérieux. Cet appareil ne nous est d'aucune utilité en soi. » Mémo de la Western Union, 1876.

« Les Américains ont besoin du téléphone, mais pas nous. Nous disposons de nombreux messagers. » Sir William Preece, British Post Office, 1876.

« La boîte à musique sans fil n'a aucun intérêt commercial. Qui voudrait payer pour entendre un message adressé à personne en particulier ? » Réponse des associés de David Sarnoff, qui insistait, en tant que fondateur de la *NBC*, pour investir dans la radio dans les années vingt.

« Même si l'on peut croire en la télévision théoriquement et techniquement, elle demeure une impossibilité commerciale et financière. » Lee DeForest, inventeur.

« Mais qui diable voudrait entendre les acteurs parler ? » H.M. Warner, Warner Brothers, 1927, au sujet du cinéma parlant.

« Il faudra des années avant de voir une femme devenir Premier ministre ; sûrement pas de mon vivant. » Margaret Thatcher, 26 octobre 1969.

« Il n'existe pas le moindre signe qui indique qu'on puisse créer de l'énergie atomique. Cela impliquerait de découper l'atome à volonté. » Albert Einstein, 1932.

« La théorie microbienne de Louis Pasteur est une fiction ridicule. » Pierre Pachet, professeur de physiologie à Toulouse, 1872.

« L'abdomen, la poitrine et le cerveau seront toujours préservés des intrusions du chirurgien sage et humain. » Sir John Eric Erichsen, chirurgien britannique (nommé chirurgien en chef de la reine Victoria, 1873).

« Les actions en Bourse semblent s'être stabilisées à un niveau élevé. » Professeur Irving Fisher, université de Yale, 1929, peu avant le krach de Wall Street.

« On est allés voir Atari et on leur a dit : "Eh, on a créé ce truc génial, et on l'a même construit avec des pièces à vous, ça vous dirait de nous financer ? Ou alors on vous le donne. On veut juste le faire. Si vous payez juste nos salaires, on vient travailler pour vous." Et ils ont répondu : "Non." Alors on est allés voir Hewlett-Packard, et ils nous ont dit : "Hé, on n'a pas besoin de vous, vous n'avez même pas encore fini la fac." » Steve Jobs, fondateur d'Apple, lorsqu'il a présenté à Atari et Hewlett-Packard le PC conçu par Steve Wozniak et lui.

« La bombe ne se déclenchera jamais. Je parle en tant qu'expert en explosifs. » L'amiral William Leahy, sur le projet de bombe atomique américaine.

« Ce Charles Lindbergh n'y arrivera jamais. Il est voué à l'échec. » Harry Guggenheim, millionnaire et amateur d'aviation, juste avant la première traversée de l'Atlantique en solitaire de Lindbergh.

« D'ici juin, on n'en parlera plus. » Le magazine *Variety* au sujet du rock'n'roll en 1955.

« Les Beatles ne sont pas simplement mauvais : je considérerais cela comme un sacrilège de dire qu'ils sont autre chose qu'atroces. Ils sont si incroyablement nuls, si peu mélodieux, si insensibles à la magie de l'art, qu'ils se placent en têtes couronnées de l'anti-musique, tout comme les faux souverains pontifes qui sont restés dans l'histoire sous le nom d'"antipapes". » William F. Buckley, journaliste, 1964.

« Il va falloir virer le chanteur ; la BBC ne l'aimera pas. » Eric Easton, premier manager des Rolling Stones, à son associé, après avoir vu la prestation de Mick Jagger.

« Le cheval est bien parti pour rester, mais l'automobile n'est qu'une babiole, une passade. » Le président de la Michigan Savings Bank, conseillant à l'avocat de Henry Ford de ne pas investir dans la Ford Motor Company en 1903.

« La télévision ne durera pas, parce que les gens en auront bientôt marre de fixer tous les soirs une boîte en contreplaqué. » Darryl Zanuck, producteur de cinéma, 20th Century Fox, 1946.

« Les aspirateurs à énergie nucléaire seront sûrement une réalité dans dix ans. » Alex Lewyt, président de la société d'aspirateurs Lewyt Corp, dans le *New York Times*, 1955.

« L'artiste le moins talentueux avec lequel j'ai bossé. » Le patron du label Decca qui a recalé Buddy Holly.

« Je donne encore deux ans aux Rolling Stones. » Mick Jagger, 1964.

« Ne sait pas jouer. Ne sait pas chanter. Légèrement chauve. Sait un peu danser. » Verdict d'une entreprise cinématographique sur les essais à l'écran de Fred Astaire en 1928.

« Vous avez une dent cassée, votre pomme d'Adam est trop proéminente et vous parlez trop lentement. » Le producteur exécutif qui a dit non à Clint Eastwood.

« Reagan n'a pas l'air d'un président. » Le producteur qui n'a pas voulu de Ronald Reagan pour le rôle de président dans un film en 1964.

« Vous feriez mieux de retourner conduire des camions. » L'organisateur de concert qui a viré Elvis en 1954.

« Laissez tomber. Aucun film sur la guerre de Sécession n'a jamais rapporté un centime. » Un producteur de la MGM qui recommandait de ne pas investir dans *Autant en emporte le vent.*

« Vous feriez mieux d'apprendre les bases du secrétariat, ou de vous marier. » L'agence de mannequinat qui a dit non à Marilyn Monroe en 1944.

« La chanson de l'arc-en-ciel est nulle. Enlevez-la. » Mémo de la MGM après la première projection du *Magicien d'Oz.*

« Nous sommes prêts à vous renvoyer le manuscrit. » Un éditeur qui n'a pas voulu de *Northanger Abbey*, de Jane Austen.

« Soyons sérieux ! » Le conseiller d'orientation de Gosforth High School lorsque le jeune Alan Shearer a dit qu'il voulait devenir footballeur professionnel. Il a été sélectionné soixante-trois fois en équipe nationale d'Angleterre et a battu le record du transfert le plus cher en 1996.

« Vous n'irez nulle part avec ce genre de musique. » Le même conseiller d'orientation de Gosforth High School à Mark Knopfler, qui a gagné 50 millions de livres grâce aux tubes interplanétaires de son groupe Dire Straits.

« Je l'ai regardé, bouche bée, arpenter la scène comme s'il savait très bien où il allait, et j'ai applaudi quand il s'est approché à moins de trente centimètres de la fosse d'orchestre sans montrer le moindre signe de peur. À la fin du spectacle, j'avais les yeux humides en pensant à son courage. » Le critique de théâtre Kenneth Tynan, sur la performance du chanteur Frank Ifield au London Palladium dans les années soixante, parce qu'il croyait à tort que celui-ci était aveugle.

ÉPILOGUE

Journaliste

Pourquoi avez-vous choisi de faire un film sur le pire footballeur du Brésil, Mauro Shampoo, et pas sur le meilleur, Pelé ou Ronaldo ?

Leonardo Cunha Lima

L'histoire de Mauro possède une chose que je trouve particulièrement intéressante : un certain sens de l'ironie. Ce film parle d'un homme qui a transformé son échec catastrophique en quelque chose de positif. Il a atteint son but de façon complètement inattendue, différente.

Après tout, la plupart des Brésiliens deviendront des Mauro Shampoo, et peu connaîtront la gloire d'un Ronaldo. Donc Mauro incarne le parfait exemple de quelqu'un qui échoue avec dignité et fierté, mais qui réussit quand même les choses importantes de la vie : une famille aimante, son propre commerce et le respect de sa communauté. Que pourrait-on vouloir de plus ?

Il y a un idéaliste en moi, qui perçoit la perpétuation du mythe du vainqueur parmi les millions de perdants comme un petit crime éthique.

Kicking and Screening Film Festival,
New York, 2010

« Vous ne pouvez pas m'en vouloir
de détester le succès, alors qu'il change
toutes les choses que j'aime. »

NOEL COWARD, *Sérénade à trois*

« L'échec lui est monté à la tête. »

WILSON MIZNER

REMERCIEMENTS

Je tiens à remercier Herdis Lane, curatrice du Svalbard Museum, pour son expertise sur les expéditions polaires ratées ; Maria Tønnesen pour ses traductions d'articles norvégiens ; Ken McCoy, dit « Professeur Albert Crapper », pour avoir reconnu les faits ; Jennifer Hall pour ses coups de main sur l'horticulture et les détails du Beadnell Alternative Flower Show ; Jeremy Willis, pour m'avoir confirmé qu'un hélicoptère équipé d'un treuil avait bien été nécessaire au conférencier sur la survie ; Michael Ford et son site Internet www.bigredbook.info pour leurs informations sur Eamonn Andrews ; le maître du déguisement, l'agent de police Dean Cunnington, qui insiste sur le fait qu'il était très tôt et qu'il a fini par entrer dans le bâtiment ; les archives historiques de la Chambre des représentants, à Washington ; et le Rare Breeds Center d'Ashford, dans le Kent. Je voudrais également remercier Robin Halstead, Jason Hazeley, Alex Morris et Joel Morris pour m'avoir permis de citer la page 119 de *Bollocks to Alton Towers* et les pages 142 et 207 de *Far From the Sodding Crowd*, ouvrages publiés par Michael Joseph et édités chez Penguin Books Ltd © Robin Halstead, Jason Hazeley, Alex Morris et Joel Morris.

Je dois aussi remercier Bill Addis pour sa très importante relecture du manuscrit et ses nombreuses suggestions utiles ; mon fils

Nicholas pour ses recherches appliquées ; ma fille Eleanor pour son avis détaillé sur la première version ; mon fils Jonathan pour ses bonnes blagues, souvent à mes dépens ; et ma femme Siân pour tout ce qu'elle a fait, notamment pour être allée des centaines de fois à la British Library, avoir organisé mon chaotique système de classification, m'avoir nourri, avoir traqué les héros de notre temps, même les experts en hululements et les policiers déguisés (voir plus haut), et pour avoir lu dans le détail non seulement la palpitante saga de l'Eurovision, mais aussi l'histoire du championnat de rugby de Liverpool, ce qui va bien au-delà du simple devoir.

Enfin, je remercie tous les gens qui sont mentionnés dans ce livre parce que, en cette époque obsédée par le succès, ils brillent tels les fanaux du bon sens et de la bonne humeur.

Table

Composition UTIBI
Impression Grafica Veneta S.p.A.
à Trebaseleghe (Pd).
Dépôt légal : avril 2016

ISBN : 978-2-207-13251-7/Imprimé en Italie

295758